La Maison Philanthropique de Paris

HISTOIRE DE CENT DIX ANS

(1780-1890)

PAR

A. M. PÉAN DE St-GILLES

Vice-Président de la Société Philanthropique

PARIS

ALPHONSE LEMERRE, ÉDITEUR

23-31, PASSAGE CHOISEUL, 23-31.

M DCCC XCII

La Maison Philanthropique de Paris

La Maison Philanthropique de Paris

HISTOIRE DE CENT DIX ANS

(1780-1890)

PAR

A. M. PÉAN DE St-GILLES

Vice-Président de la Société Philanthropique

PARIS

ALPHONSE LEMERRE, ÉDITEUR

23-31, PASSAGE CHOISEUL, 23-31

M DCCC XCII

AVERTISSEMENT

Il existe jusqu'à ce jour deux notices historiques sur la Société Philanthropique de Paris.

La première, œuvre consciencieuse du docteur Payen, Chirurgien honoraire et Agent Général de la Société, a paru en 1846. Elle est précieuse à consulter, non seulement pour la précision des détails qu'elle donne sur l'origine et les travaux de la Société, mais aussi pour l'indication des sources bibliographiques auxquelles le Dr Payen a puisé ses renseignements.

L'auteur de la seconde est M. le comte d'Haussonville; c'est assez dire que celle-ci a tout pour elle, le mérite de l'écrivain et la compétence du membre dévoué de la Société. Elle a été lue à l'occasion du Centenaire de la Société Philanthropique, à l'Assemblée Générale du 18 avril 1880.

Le besoin d'une nouvelle notice ne se faisait donc nullement sentir. C'est ce dont nous nous sommes parfaitement rendu compte, mais seulement après avoir commencé à en rassembler laborieusement les éléments. Entré dans la Société en 1881, nous ignorions l'existence de la Notice du Centenaire. Au premier moment de cette décourageante découverte, nous avons songé à jeter au panier le fruit de plusieurs semaines de recherches dans les archives de la Société et dans les bibliothèques publiques.

Nous n'avons pas cédé à ce premier mouvement. Sincèrement convaincu que nous ne pouvons pas faire aussi bien, nous avons du moins conservé l'espoir de faire autrement et à quelques points de vue plus complètement, l'histoire des choses et des hommes de la Société.

M. le comte d'Haussonville a fait un éloquent discours sur l'histoire de la Société, nous essaierons de faire un simple Précis chronologique, biographique et anecdotique, sans autre ambition que de sauver de l'oubli quelques détails intéressants, qui n'ont pu trouver place dans le cadre, nécessairement restreint, qu'a dû s'imposer l'honorable orateur du Centenaire.

P. S. G.

PRÉLIMINAIRES

LA MAISON PHILANTHROPIQUE DE PARIS

PRÉLIMINAIRES

Les premières années du règne de Louis XVI, et particulièrement celles du ministère Necker (1777-1781), furent marquées par diverses mesures inspirées par un grand mouvement d'humanité et de *sensibilité*, suivant une expression alors usitée. On peut citer parmi les plus importantes : l'anéantissement des droits de suite sur les serfs et mainmortables (1779), l'abolition de la question dans les procès criminels (1780), la défense de réunir plusieurs malades dans un même lit, à l'Hôtel-Dieu, où cette barbare coutume subsistait encore malgré toutes les protestations (1781).

C'est sous cette heureuse influence, et au milieu de ce courant d'idées, sympathiques aux pauvres et aux malades, que sept hommes de bien, dont les noms méritent d'être conservés, MM. Savalette de Langes, vicomte de Tavannes, Le Camus de Pontcarré, Blin de Sainmore, de Saint-Martin, Dr Girard et Dr Jeanroy, se réunirent pour former une association destinée à secourir l'indigence (année 1780).

Ils lui donnèrent, soit dès le début, soit, plus probablement, après avoir réuni quelques adhésions, le nom de Société ou Maison Philanthropique* de Paris.

Faut-il voir, dans le choix de ce nom, l'indice d'une parenté quelconque avec la Société des Philanthropes, fondée à Strasbourg en 1776?

Il existe à la bibliothèque de la Ville de Paris un exemplaire manuscrit des statuts de cette Société des Philanthropes. En tête est inscrite cette devise : *Homo sum, humani a me nihil alienum puto* (Térence).

Le titre, le préambule, les articles, tout est

---

* Jusqu'en 1865, les noms de philanthropique et de philanthrope sont écrits ainsi : philantropique et philantropo sans *h* après le *t*. Nous leur rendons leur véritable orthographe.

solennel et emphatique dans ces statuts, rédigés dans *les Comices* de 1776 :

« La Société des Philanthropes, » y est-il dit, « est une confédération, par laquelle des « hommes généreux et sensibles, rapprochés « par les charmes de l'amitié et l'attrait d'une « égalité parfaite, s'imposent l'exercice con- « stant des vertus sociales, une bienfaisance « toujours agissante, une tolérance toujours « raisonnable, un respect profond envers la « divinité, la culture des arts et des sciences « utiles, et le vœu sincère d'éclairer les hommes « autant qu'il est en leur pouvoir. »

Et plus loin :

« La Société des Philanthropes destinée à « se répandre dans tous les pays policés où le « zèle du bien public germera, sera distribuée « en provinces. Celle d'Alsace est la première « en date, et la Maison de Strasbourg, métro- « pole de la Philanthropie. »

Le rapprochement des dates, la quasi-similitude des noms, ont pu faire supposer que la Maison Philanthropique de Paris était une des Maisons provinciales, dont la création était prévue par ces statuts. Mais l'examen le plus attentif de tous les documents se rattachant à l'origine de la Société Philanthropique de

Paris, n'a pu faire découvrir aucune trace d'un lien quelconque avec la Maison de Strasbourg, qui s'intitulait modestement la Métropole de la Philanthropie.

Autant les visées de celle-ci paraissent ambitieuses et nuageuses, autant l'œuvre fondée par Savalette de Langes et ses amis semble s'attacher et se borner à la pratique d'une bienfaisance agissante.

En 1778, la Société des Philanthropes publie une sorte d'annuaire de ses travaux. Il n'y est fait mention d'aucun acte direct de bienfaisance. Le volume contient seulement divers mémoires, portant les titres suivants : Sur l'esclavage des Nègres. — Abolition de la torture. — Amour de l'utilité publique. — Abus de la sécularisation des biens ecclésiastiques, etc., etc.

N'est-il pas bien établi désormais que la Société des Philanthropes était une Société d'étude, plutôt qu'une maison de bienfaisance, et que dès lors la Société Philanthropique a eu raison, au risque d'y perdre quelques années de preuves, de ne faire remonter sa noblesse qu'à l'année 1780, et sa généalogie qu'aux sept fondateurs que nous avons nommés?

Suivant une autre tradition, transmise par le Dr Payen, la Société aurait reçu son nom du roi Louis XVI lui-même. Nous verrons plus loin qu'en effet ce prince a encouragé et subventionné la Société, dont il s'est déclaré le protecteur ; mais il n'est nullement question de cette haute protection avant 1787 ou 1788, et il est bien plus naturel de supposer qu'elle ne lui fut acquise qu'après qu'elle s'était fait connaître déjà, sous le titre qu'elle avait choisi, par quelques années de travaux et de succès.

Le nom de Philanthrope n'était pas d'ailleurs accepté partout avec faveur. Une grande dame* écrivait en 1781 : « C'est un philan-« thrope de la meilleure espèce. Ce mot, in-« venté depuis peu par le *reste* des encyclopé-« distes, me sembla au moins aussi étrange que « ce qui précédait. » Il est vrai qu'elle parlait du philanthrope Cagliostro.

Quelques années plus tard, dans le compte rendu inséré au Calendrier Philanthropique de

---

* Mémoires de la baronne d'Oberkirch.

1787 (on verra que c'est sous ce titre que paraissent les annuaires jusqu'en 1793), le rapporteur se croit obligé de défendre le nom de la Société. « On n'aurait, dit-il, qu'une bien
« fausse idée de cette Société, si l'on n'attachait
« au mot de philanthrope que l'acceptation
« vague et ridicule qu'on y donne communé-
« ment. Le mot de philanthrope ne signifie
« donc pas ici l'ami de tout le monde, comme
« a prétendu le désigner l'auteur d'une comé-
« die qui porte ce nom..... »

Quoi qu'il en soit, le nom n'était pas mal choisi. Non seulement il a survécu, mais il a si peu vieilli, que tout récemment des Sociétés en formation avaient songé à le prendre et n'y ont renoncé que sur les revendications, d'ailleurs très courtoisement acceptées, de la Société qui en a la possession séculaire.

Toutes les publications de la Société portent en frontispice une vignette allégorique représentant un champ desséché ; à gauche, le ciel est coupé par une fraction du zodiaque ; à droite, une main sortant d'un nuage, verse avec un arrosoir une eau abondante. Sur une banderole au sommet, est écrite cette légende : « *Donec e cœlo descendat* ». Au bas, un cartouche avec ces mots : Maison Philanthropique de Paris. 1780.

C'est la reproduction agrandie d'une des faces du jeton de présence, en argent, que la Société distribuait autrefois aux membres de ses assemblées. Telle est l'origine de cette image un peu bizarre ; quant au sens, on comprend vaguement qu'elle fait allusion à la manne des secours que la Société répand sur ses protégés.

Nous nous sommes étendu, peut-être avec un peu trop de complaisance, sur ces détails préliminaires, relatifs aux noms et armes de la Maison ; il est temps d'en venir à notre véritable sujet, c'est-à-dire au but de la Société, et à ses états de services depuis sa fondation.

L'histoire de la Société Philanthropique se

divise en deux périodes inégales : la première ne comprend que quatorze années, de 1780 à 1794 ; la seconde s'étend de l'an VIII (1800) jusqu'à nos jours. Cette division s'impose, non seulement à cause de la lacune de plusieurs années, qu'explique suffisamment cette date de 1794, mais encore par les modifications profondes, apportées lors de sa reconstitution, aux pratiques, aux usages et aux statuts de la Société.

PREMIÈRE PÉRIODE

PREMIÈRE PÉRIODE

Savalette de Langes paraît avoir été le promoteur de cette association, à laquelle étaient réservées une prospérité et une longévité qu'il était, sans doute, loin de prévoir. C'est son nom, en effet, qu'on voit figurer, avec le titre de Doyen, en tête des listes que la Société publie, à partir de la cinquième année de son existence. Il était l'un des administrateurs du trésor royal et non sans doute un des moins estimés, car on lit dans une correspondance du temps [*], à propos des réformes financières opérées sous le ministère de Brienne : « Toutes « les caisses sont supprimées. On se borne à « M. de la Borde et M. Savalette de Langes. « Celui-ci paiera et le premier recevra. »

[*] De Lescure, *Correspondance sur Louis XVI*.

Le vicomte de Tavannes, mestre de camp, commandant du Régiment de la Reine, Infanterie, était d'une ancienne et illustre maison de Bourgogne, qui avait donné des généraux à la France et de hauts dignitaires à l'Église. — Le Camus de Pontcarré était premier président du Parlement de Normandie. — Blin de Sainmore était historiographe des ordres du roy et censeur royal, c'est-à-dire chargé de donner aux écrits nouveaux l'approbation et l'imprimatur, au nom et par ordre du garde des sceaux. — Le nom de M. de Saint-Martin n'est suivi d'aucune qualification. — Enfin, les deux derniers associés, les Drs Girard et Jeanroy, étaient, l'un, membre de la Société de médecine d'Édimbourg, l'autre, membre de la Société Royale.

C'était chose nouvelle, que cette association de personnes, n'ayant entre elles aucune parité de situation, dans le but unique de secourir l'indigence. On voit bien en effet, jusque-là, des fondations privées ou ecclésiastiques, des largesses royales intermittentes, aux temps de grandes misères ou de famines, mais point d'institutions organisées et permanentes.

Seule, la Société de Charité maternelle, fondée en 1784, sous la protection de la reine

Marie-Antoinette, peut revendiquer le même honneur d'un siècle de services rendus à la population indigente de Paris.

Dulaure ne constate l'existence d'aucune autre Société de bienfaisance sous le règne de Louis XVI, et ses informations sur cette époque, qui n'était pas pour lui très ancienne, peuvent être généralement tenues pour exactes. Toutefois, le vieil historien de Paris n'était pas infaillible. Nous en pouvons citer, sans rancune, une preuve assez piquante, qui ne nous fera pas sortir de notre sujet. Dans sa première édition de l'*Histoire de Paris*, parue en 1821, Dulaure, après avoir consacré quelques lignes, d'ailleurs fort élogieuses, à la Société Philanthropique de Paris, terminait par ces mots : « Cette Société a cessé d'exister. » Ce fut sur la réclamation du Dr Payen qu'il corrigea cette erreur, dans la 2e édition datée de 1825.

Les débuts de la Société sont nécessairement modestes, comme son budget. Elle distribue des secours en argent aux plus malheureux, dans la limite des ressources dont elle dispose, sans règle fixe, au moins pendant les deux ou trois premières années.

Elle n'a pas encore de statuts écrits, elle essaie ses forces, avant de tracer la voie dans laquelle elle marchera plus tard d'un pas si sûr et si rapide. Nous avons, sur cette hésitation des premiers temps, son propre témoignage, formulé dans le compte rendu de 1787 : « Dans « son origine, dit le rapporteur, elle n'était « fixée à aucune idée déterminée. » Ce n'est qu'en 1783 qu'elle fait au public, par la voie du *Journal de Paris*, cette première communication : « Plusieurs citoyens, animés par un sen- « timent de bienfaisance et d'humanité, ont « réuni une somme nécessaire pour accorder « un secours annuel à douze ouvriers octogé- « naires. » (3 juin 1783.)

Dans cet avis aux candidats, qui paraît être en même temps un appel aux souscripteurs, la Société garde encore l'anonyme, elle engage seulement à s'adresser à M. Espell, rue Saint-Honoré. On voit qu'elle hésite à entrer dans la voie de la publicité, car dans une seconde communication du 8 juillet de la même année, insérée aussi au *Journal de Paris*, qui devient décidément le Moniteur de la Société, elle ne se désigne pas autrement que par ces mots : « La « Société qui a annoncé dans la feuille du 3 juin « que... », etc. Enfin, le 30 août suivant, le masque tombe, et le *Journal de Paris* publie un avis signé : Un abonné, membre et secrétaire de la Société Philanthropique, annonçant que le nombre de douze ouvriers octogénaires est rempli, notamment par deux vieillards âgés, l'un de cent onze ans, l'autre de quatre-vingt-treize, « et qu'ainsi les aspirans ne peuvent « espérer, pour le moment, que d'être inscrits « comme surnuméraires. »

C'est donc à cette adoption de douze vieillards que la Société, après trois ans d'existence, est obligée de limiter son action. Le secours était de quinze livres par mois pour les octogénaires, dix-huit pour les nonagénaires, ce qui constitue déjà une charge de deux mille deux cents livres environ, répartie entre les sociétaires, encore fort peu nombreux.

En effet, aux sept fondateurs, la Société n'avait ajouté en 1781 que six membres, parmi lesquels figurent M. Dompierre d'Hornoy, président au Parlement de Paris, et M. de Bondy, receveur général des finances. En 1782, elle inscrit seize nouveaux membres, dont le prince Ferdinand de Rohan, archevêque de Cambrai (qu'il ne faut pas confondre avec le trop célèbre archevêque de Strasbourg), M. le duc de Charost, pair de France, et M. Tassin, administrateur de la Caisse d'Escompte, ces deux derniers appelés à jouer un rôle important dans la Société, le premier comme président, le second comme trésorier ; enfin en 1783, quinze membres, dont l'abbé Pignol de Saint-Amant, vicaire-général de Lescar et censeur royal, qui a laissé dans un compte rendu que nous aurons à citer plus loin, de précieux renseignements sur les travaux de la Société.

Pendant les trois premières années, bien qu'il n'y ait pas encore de statuts définitifs, la Société a constitué un Bureau composé de : MM. le vicomte de Tavannes, président; Savalette de Langes, vice-président; Blin de Sainmore, secrétaire, et Le Camus de Pontcarré, trésorier.

En 1783, un Comité, composé de neuf membres, fonctionne sous la direction d'un nouveau Bureau, dans lequel M. de Charost a succédé comme président à M. le vicomte de Tavannes, devenu vice-président, M. Savalette est secrétaire, et M. Tassin, trésorier.

Armand-Joseph de Béthune, duc de Charost, pair de France, et, plus tard, maire du XIIe arrondissement de Paris, était à la fois un libéral et un philanthrope, dans la plus large acception du mot. Il signe, avec les ducs de Luynes, de la Rochefoucauld, d'Aumont, de Brancas, de Praslin et de Luxembourg, la déclaration de principes proposée par d'Éprémesnil dans la séance du Parlement du 3 mai 1788, — sur le droit de la nation d'accorder librement des subsides par l'organe des États Généraux librement convoqués, — sur l'inamovibilité des magistrats, — sur le droit de chaque citoyen de n'être traduit devant d'autres juges que ses juges naturels*. Avec le maréchal de Castries, il publie un mémoire établissant l'imposition sur leurs terres **. Il se fait connaître par son zèle pour les progrès de l'agriculture. Enfin il s'intéresse et participe à toutes les institutions charitables du temps.

Sous son inspiration, la Société va prendre un essor nouveau. Dès le 20 décembre 1783, elle annonce par son organe habituel, le *Journal de Paris*, qu'elle se propose d'accorder un secours à douze jeunes aveugles, âgés de deux à douze ans, enfants d'ouvriers; l'hôpital des Quinze-Vingts n'admettant les aveugles indigents qu'à vingt et un ans. Ce secours sera

---

* Am. Renée, *Louis XVI et sa Cour*.
** De Lescure, *Correspondance sur Louis XVI*.

d'abord de six livres par mois, mais ce n'est qu'un commencement. Nous verrons bientôt quelle admirable suite la Société va donner à cette protection d'une classe d'infortunés si intéressante, et jusque-là si délaissée, parce qu'on ne croyait pouvoir rien faire pour elle.

En une seule année (1784), le nombre des associés ou philanthropes s'augmente de quatre-vingt-quatre, ce qui le porte à cent vingt-huit, et assure à la Société, à raison de quatre louis, ou quatre-vingt-seize livres par associé, un budget ordinaire de plus de douze mille livres, indépendamment des dons, presque toujours anonymes, qui lui parviennent soit directement, soit par l'intermédiaire du *Journal de Paris*.

Parmi ces nombreux associés, on remarque plusieurs notabilités du monde auquel appartient le nouveau président duc de Charost, telles que : le marquis de Vérac, ambassadeur de France en Suisse, de Talleyrand-Périgord, évêque d'Autun, le comte de Choiseul-Gouffier, ambassadeur de France à la Porte, le baron de Stael-Hostein, chambellan de S. M. Suédoise et son ambassadeur en France (quelques années plus tard, son illustre beau-père, Necker, se fera inscrire à son tour); le chancelier de Lamoignon, le prince de Luxembourg, capitaine des gardes du corps, le prince de Salm-Salm, et bien d'autres encore.

Encouragée par ce succès, et confiante dans l'avenir, la Société double le nombre des vieillards secourus sur ses fonds propres, et elle accorde en outre aux surnuméraires un secours mensuel de six livres sur les fonds provenant des dons extraordinaires. Enfin elle publie « un « projet qu'elle médite depuis longtemps : A « partir du 1ᵉʳ janvier prochain (1785), elle ac- « cordera à vingt-cinq femmes enceintes du « sixième enfant (les cinq autres étant vivants) « la somme de quarante-huit livres pour frais « de couches. »

Bientôt, elle crée une nouvelle classe pour les veufs ou veuves chargés de famille (six enfants au moins). Elle leur alloue quatre livres par mois et par enfant au-dessous de quatorze ans.

Quatre classes forment donc désormais le cadre du personnel secouru par la Société : 1° les vieillards nonagénaires ou octogénaires ; 2° les jeunes aveugles ; 3° les femmes enceintes du sixième enfant ; 4° les veufs ou veuves chargés de famille.

Le nombre des protégés, d'abord fixé à douze, pour les deux premières classes et la quatrième, et à vingt-cinq pour la troisième, est rapidement dépassé. Pour les vieillards, il s'élève successivement de vingt-quatre à cinquante, puis à cent; il atteint le chiffre de trois cent seize, tant titulaires que surnuméraires, à la fin de l'année 1786. Celui des enfants aveugles monte à vingt-six, puis à trente-quatre, pour arriver à quarante-six. Celui des femmes enceintes dépasse cent. Enfin les veufs et veuves sont au nombre de trente-six, recevant quatre livres par mois et par enfant, ce qui, à raison de six enfants au moins, fait un total de deux cent seize enfants secourus.

Comment la Société a-t-elle pu, en si peu de temps, suivre une progression si rapide, tout en restant fidèle à ses premières règles de prudence et de bonne administration? C'est qu'indépendamment des dons extraordinaires, elle a vu, par la seule notoriété du bien déjà accompli, le nombre des associés s'accroître dans une proportion qui a dépassé toutes ses espérances. En 1785, cent quatre-vingt-deux membres nouveaux se sont fait inscrire, et l'année suivante cent quatre-vingt-six. Elle compte désormais plus de cinq cents associés ou philanthropes, dont la cotisation représente une recette assurée de cinquante mille livres.

Il faut renoncer à citer tous les noms illustres qui figurent sur cette liste*. Quelques-uns ont des titres particuliers à la reconnaissance de la Maison Philanthropique : Valentin Haüy, dont le génie et le dévouement vont seconder la Société pour la fondation d'une œuvre qui est un de ses plus beaux titres de gloire, l'éducation des jeunes aveugles ; le duc de la Rochefoucauld et le duc de Mortemart, deux noms chers à la Société ; Mandat, l'infortuné commandant, assassiné le 10 août 1792, en défendant les Tuileries, membre du Comité, et commissaire pour les écoles d'aveugles depuis 1787 ; enfin le duc de Villequier, vice-président sous le duc de Charost, et président en 1790, avec le duc de Charost pour vice-président.

Mais ce qui frappe surtout en parcourant ce tableau, c'est la diversité des classes dans lesquelles s'opère le recrutement des nouveaux philanthropes. Sans doute, il ne peut atteindre des couches bien profondes, la cotisation de quatre louis ne le permet pas, mais on y voit à côté des maréchaux, des archevêques et des

---

* Duc de Brissac, comte du Roure, marquis de Seignelai, comte de Brienne, duc de Polignac, duc de Nivernais, comte de Langeron, de Jussieu, duc de Montmorency, Lenormant d'Étioles, duc de Coigny, prince de Montbarrey, etc.

plus hauts dignitaires de la Cour, sans autre ordre de préséance que l'ancienneté de réception, des conseillers, des avocats au Parlement, des curés de paroisse, des banquiers, des notaires *, de simples receveurs de rentes.

Aussi est-ce en toute vérité que l'abbé Pignol, rapporteur, a pu dire dans son compte rendu de 1787, sous la présidence du duc de Charost : « Nous sommes, dans l'état actuel, une associa-
« tion volontaire, composée de membres volon-
« tairement élus, présidée par des chefs volon-
« tairement choisis, qui n'ont d'autre ambition
« que l'égalité, et ne briguent d'autre supério-
« rité que celle du zèle, des travaux et des veilles,
« pour remplir le vœu libre et motivé de la plu-
« ralité. »

Parvenue à ce degré de prospérité, la Société songe à réglementer son action. Nous interrompons un moment le récit de ses travaux et de ses succès, pour donner une analyse succincte

---

* *Le Calendrier Philantropique de 1790* compte vingt-cinq notaires de Paris, sur cent douze dont se composait alors la Compagnie. Voici leurs noms : Gibert, Mony, Brichard, Boulard, Lemoine, Trutat, Guillaume, Dosno, Farmain, Giard, Larcher, Girard, Liénard, Petit, Bro, Castel, Fourchy, Le Go, Fieffé, Delaroche, Silly, Hémar, Rouen, Chaudot, de Pavant.

des Statuts et Règlements que, dans sa sagesse, elle a reconnu la nécessité de s'imposer.

Nous possédons les Statuts de 1787, ceux de 1790, et ceux de 1793. Ils ne diffèrent pas sensiblement. Mais une de leurs premières dispositions portait qu'ils seraient revisés tous les trois ans. Il y a donc, à chacune de ces périodes triennales, un vote nouveau sur l'ensemble des articles à peine modifiés. Les grandes lignes ne changent pas, ce sont les seules qu'il y ait quelque intérêt à retracer.

Le premier chapitre traite des revisions triennales, qui doivent être précédées d'un rapport présenté par le Comité et quatre commissaires extraordinaires. Aucune modification, touchant la police et l'administration de la Maison, ne peut être admise qu'après trois délibérations successives, en Assemblée Générale, et à la pluralité des deux tiers des voix.

Outre les Règlements généraux, il en est de particuliers, pour l'administration de chacun des Établissements de la Société. Ceux-ci sont revisés tous les ans.

Les Statuts et Règlements doivent être signés

par chaque nouveau philanthrope, le jour de sa réception.

Aux termes du chapitre II, la Société se compose de membres résidant à Paris, d'associés régnicoles et d'associés étrangers ; le nombre des uns et des autres est indéterminé. La Société a pour officiers : un président, deux vice-présidents, un secrétaire et un trésorier.

Un Comité permanent prépare les affaires.

Chaque année la Société publie un calendrier philanthropique, indiquant les Assemblées Générales, les séances du Comité, et le tableau, par rang d'ancienneté, des membres de la Société.

Le chapitre III traite des conditions d'admission. Les Philanthropes ne pourront proposer pour être admis, que ceux auxquels ils croiront « les qualités et les vertus philanthropiques. » Après un scrutin préparatoire du Comité, l'Assemblée vote au scrutin secret, sur les admissions. Si le proposé a contre lui le dixième des voix, il est rejeté.

La cotisation annuelle est fixée par le chapitre IV à quatre louis pour les résidents, et à deux louis pour les régnicoles et les étrangers. Tout philanthrope résidant à Paris reçoit un jeton à chaque Assemblée dont il aura signé la feuille de présence.

Le chapitre V règle l'élection des officiers et leurs attributions.

Aux termes du chapitre VI, le Comité permanent se compose de quinze membres, savoir : les cinq officiers en exercice, un rapporteur et neuf commissaires généraux. Tous les ans, les trois plus anciens des neuf commissaires sortent, et sont remplacés par trois autres membres, nommés par le président et les vice-présidents. Le Comité tient régulièrement ses séances *tous les mardis*, et plus souvent si les affaires l'exigent.

Les commissaires généraux se répartissent en quinze départements la surveillance des établissements et des pensionnaires de la Maison (chapitre VII).

Le chapitre VIII traite des Assemblées générales, qui ont lieu deux fois par mois, avec distribution de jetons et quête.

Les chapitres IX et X sont relatifs aux Mémoires adressés à la Société, et à la comptabilité du trésorier.

Le chapitre XI et dernier traite des affiliations de Sociétés formées en France, sur le modèle de la Maison Philanthropique de Paris.

Ces dispositions sont extraites des Statuts insérés au Calendrier de 1793.

Dans le même Calendrier se trouvent :

Une notice, plutôt philosophique qu'historique, débutant par cette définition :

« La Société Philanthropique, établie à Paris
« en 1780, est la réunion de plusieurs per-
« sonnes qui, animées par le goût de la bien-
« faisance, s'occupent à secourir, par le con-
« cours de leur fortune et de leurs lumières, la
« vertu indigente et souffrante. »

Et le programme des conditions requises pour participer aux secours, dans les différentes classes établies par la Société.

Pour toutes les classes, le mariage des parents, la naissance légitime des enfants, le certificat du curé de la paroisse attestant « la bonne vie et mœurs » ainsi que la pauvreté des postulants, et trois années de domicile à Paris, sont exigés comme condition essentielle de toute admission.

On voit que la Maison Philanthropique était aussi sévère pour la vertu des protégés que pour celle des protecteurs. Tant d'exigence de vertu ne laisse pas que d'étonner un peu, dans cette fin de siècle, qui ne passait pas pour très vertueuse.

Nous en étions à la fin de 1786, lorsque nous avons ouvert cette parenthèse sur les Statuts et Règlements. — Pendant les trois années suivantes, la Société est à l'apogée de sa carrière antérévolutionnaire. Sans parler encore des jeunes aveugles, auxquels nous réservons un chapitre spécial, nous la voyons développer tous ses services et en créer de nouveaux.

Ainsi, aux quatre classes déjà existantes elle en ajoute successivement trois nouvelles : la cinquième, en faveur des pères et mères chargés de neuf enfants, — elle accorde à chaque enfant au-dessous de quatorze ans (les autres ne comptant que pour faire nombre) un secours de quatre livres par mois, soit par an quarante-huit livres ; — la sixième, en faveur des ouvriers estropiés par accident, ayant trois enfants vivants au-dessous de dix-sept ans : il leur est alloué aussi quatre livres par mois et par enfant ; enfin la septième, qui ne paraît pas avoir été maintenue au delà de 1790, était en faveur des enfants élevés par la Société de Charité Maternelle : la Société Philanthropique leur accordait un secours de trois livres par mois, qui venait en atténuation des sacrifices faits par la première ; c'était une sorte de subvention, que la Maison Philanthropique, dans ses années de grande prospérité, était heureuse d'acquitter au profit de la Société de Charité Maternelle, plus jeune et moins riche qu'elle.

Il serait assez difficile, et d'ailleurs peu intéressant, de donner le tableau exact, par année, des dépenses faites pour chaque classe pendant la période dont nous nous occupons. Les comptes rendus, qui ne sont pas toujours très méthodiques, nous permettent toutefois de citer les chiffres suivants, qui serviront à donner une idée de la marche toujours ascendante des services de la Maison Philanthropique.

En 1787, elle reçoit cent dix membres nouveaux. Elle pensionne quatre cent vingt-deux vieillards. Le nombre total des infortunés secourus est de mille quarante-six. Sa dépense totale est de soixante-dix mille quatre cent vingt-deux livres.

Le chiffre des dons particuliers s'élève à vingt-quatre mille cinq cent quatre-vingt-quatorze livres, et M. l'Intendant de Paris lui fait livrer une partie des pommes de terre récoltées dans la plaine des Sablons. — On sait, en effet, que le célèbre économiste Parmentier, que nous verrons plus tard vice-président de la Société, avait obtenu de faire des essais de cette culture sur cinquante-quatre arpents de la plaine des Sablons, là où s'élèvent aujourd'hui de nombreux hôtels, la mairie du XVIe arrondissement et le lycée Janson. Certaine nuit, des voleurs brisèrent les clôtures et s'emparèrent d'une partie de la récolte de Parmentier. Comme on lui annonçait cet événement, non sans quelques ménagements : « On m'a volé mes pommes de terre, s'écria-t-il, quel bonheur, voilà leur succès assuré ! »

C'est le premier exemple que nous voyons de secours en nature distribués par la Société. Vers le même temps, elle accorde une voie de tourbe pour le chauffage de chacun de ses vieillards et chefs de famille.

Un véritable chant de triomphe termine sa communication de l'année au *Journal de Paris* : « De tous côtés des étrangers nous demandent « des renseignements... Lorsque, d'un bout de « l'Europe à l'autre, on semble s'être donné le « mot pour secourir la vieillesse et l'enfance « malheureuses, la bienfaisance, cette vertu « non moins douce à ceux qui donnent qu'à « ceux qui reçoivent, ne paraît-elle pas désor=

« mais affermie sur des fondements indestruc-
« tibles ? »

Un hiver rigoureux signale le commencement de l'année 1788. Outre les dons particuliers dont le montant servira, avec la cotisation des sept cent vingt membres, à faire face aux charges ordinaires de la Société, elle reçoit douze mille livres du Roi et vingt mille livres de la nouvelle Compagnie des Indes. Elle emploie la totalité du montant de ces deux dons extraordinaires, en distributions immédiates de pain, riz, pommes de terre, bois, vêtements et couvertures, pensant ainsi se conformer à l'intention des donateurs qui lui ont si hautement témoigné leur confiance.

Le nombre des infortunés secourus s'élève à quinze cents. La dépense atteint le chiffre de cent dix mille livres. Elle reçoit, comme affiliées, les Sociétés Philanthropiques de Bordeaux, Besançon et Annonay.

Un membre avait proposé qu'un service religieux fût célébré annuellement pour les associés et pensionnaires décédés, mais n'était-ce pas détourner de leur destination une partie des fonds donnés ? Sur ce scrupule, M. le curé de Saint-Eustache s'empressa de déclarer qu'il se chargeait des frais de ce service.

Les années 1789 et 1790 sont encore des années très fécondes, malgré les préoccupations politiques qui commencent à ralentir le zèle des donateurs. Les budgets de ces deux années sont établis sur des prévisions de recettes et de dépenses de cent vingt et un mille cinq cent quatre livres pour la première, et de cent trente mille neuf cent quatre-vingt-quatre livres pour la seconde. Mais les recettes effectuées restèrent au-dessous de ces chiffres et la Société dut restreindre proportionnellement ses dépenses.

Bien que le Roi se soit déclaré chef et protecteur de la Société, promettant un subside de cinq cents livres par mois sur sa cassette particulière, bien que les adhésions retentissantes de Monsieur, frère du roi, du jeune duc de Chartres*, de Lafayette et de Bailly, soient venues compenser quelques défections, la Maison Philanthropique ne peut se défendre

---

* Depuis Louis-Philippe Ier. — Le duc de Chartres, né en 1773, avait alors seize ans. Madame de Genlis, dans ses *Mémoires*, donne à entendre qu'elle l'avait fait admettre à la Société Philanthropique pour protester contre sa présentation au club des Jacobins, qui venait d'être exigée par son père, le duc d'Orléans.

d'envisager l'avenir sous des couleurs un peu sombres : « Jusqu'ici, » écrit-elle au *Journal de Paris*, à la date du 18 janvier 1790, « nous
« n'avons eu que des progrès à annoncer, que
« des grâces à rendre...

« Mais les événements, inséparables d'une
« grande révolution, ont d'un côté accru consi-
« dérablement le nombre des nécessiteux, et de
« l'autre ont causé une diminution trop sen-
« sible et dans nos propres fonds et dans nos
« ressources étrangères...

« Mais, que dis-je, est-ce à nous de perdre
« l'espérance, lorsque notre liste est décorée du
« nom de ce prince auguste, qui, frère du meil-
« leur et du plus chéri des rois, ne partage pas
« moins notre amour et nos respects, que ses
« vertus et sa bonté...

« Lorsque cet autre descendant de notre
« adorable Henri IV, à peine dans l'adolescence,
« vient se confondre parmi nous*...

« Ce jeune guerrier, qui, célèbre dans les
« deux mondes, veille avec tant de prudence
« et d'activité à la tranquillité commune**...

« Ce vertueux chef de notre municipalité,

---

* Le duc de Chartres.

** Lafayette, commandant de la garde nationale.

« non moins distingué par son patriotisme que
« par ses talents et ses connaissances*... »

C'est bien le langage du temps, dont le mérite principal n'était pas la simplicité. Mais on n'a pas le courage de critiquer cette péroraison si triste : « Comme le pilote, au fort de la tem-
« pête, nous attendrons avec confiance le re-
« tour prochain du calme et de la sécurité. Du
« moins, Messieurs, rien ne pourra ébranler
« notre courage, et, quoi qu'il arrive, nous ju-
« rons tous, avec plaisir, de consacrer plus que
« jamais notre existence au soulagement de nos
« frères infortunés. »

Ce serment, les Philanthropes l'ont tenu jusqu'au bout de leurs forces et de leurs ressources. Ils ont continué à faire le bien, pendant ces dures années, de 1790 à 1794, et ils n'ont cessé de le faire que quand on leur en a refusé même le droit.

Avant de raconter cette agonie, il nous reste à retracer le tableau, que nous n'avons pas voulu scinder, de l'œuvre fondée pour l'éducation des jeunes aveugles.

* Bailly, maire de Paris.

Lorsque les membres de la Société Philanthropique eurent institué, au commencement de l'année 1784, le secours mensuel de quatre livres au profit de douze jeunes aveugles, enfants d'ouvriers, ils ne tardèrent pas à s'apercevoir de la condition misérable dans laquelle étaient plongés leurs nouveaux protégés. Aucun effort n'avait encore été tenté pour leur apprendre un métier. Comme l'a dit un de leurs historiens, ils ne faisaient rien, qu'attendre la mort, dans un ennui profond. C'était trop peu pour ces philanthropes dévoués, d'avoir assuré un peu de pain à ces infortunés, ils se préoccupèrent de les relever par le travail, et de leur rendre leur dignité d'hommes et de chrétiens.

Dans le même temps, un homme de cœur et d'initiative rêvait d'entreprendre l'éducation des aveugles. Il n'appartenait pas encore à la Société, mais sa place y était trop bien marquée pour que son admission se fît attendre ; elle eut lieu dès le commencement de 1785.

Valentin Haüy, interprète du Roi et de l'Amirauté de France, a raconté lui-même comment lui était venue cette vocation. De malheureux aveugles, affublés de lunettes, étaient donnés en spectacle, jouant de divers instruments, sans règle ni mesure. Cette cacophonie burlesque amusait la foule, et suscitait quelques maigres aumônes.

Haüy éprouva un tout autre sentiment que celui de cette foule, et résolut de se vouer au soulagement d'une si cruelle infortune. Aucune méthode, aucun précédent même n'existait, il lui fallut tout créer, à commencer par le système des lettres en relief, au moyen desquelles les aveugles parviennent à lire, en remplaçant la vue par le toucher.

La Maison Philanthropique lui confia ses enfants, qu'il se chargea d'instruire gratuitement. La Société les faisait conduire et ramener, en ajoutant à leur pension mensuelle la dépense d'une légère rétribution dont profitait généralement un petit frère ou une petite sœur de l'aveugle.

Les premiers succès obtenus par Haüy eurent du retentissement. Des dons en argent furent recueillis, et un concert donné par l'Académie Royale de Musique produisit la somme de quatre mille cent dix-huit livres.

Ce furent les premiers fonds à l'aide desquels la Maison Philanthropique ouvrit, le 19 février 1785, une école, pourvue de tout le matériel nécessaire, dans un hôtel rue Notre-Dame-des-Victoires, 18, où Haüy vint s'installer. L'Institut des Jeunes Aveugles était fondé.

Bientôt, il ne fut plus question que de l'école de lecture et de filature de M. Haüy. C'est ainsi qu'on l'appelait, alors que l'enseignement ne s'étendait pas encore aux autres branches d'art, de science ou d'industrie, que comporta plus tard son programme, telles que la géographie, la musique, la reliure, et même la typographie.

Le 26 décembre 1786, Haüy fut appelé à Versailles, avec ses élèves, qui, en présence du Roi, de la famille royale et de toute la cour, donnèrent une représentation des divers exercices de leur enseignement, à la grande satisfaction du noble auditoire. Le roi permit qu'on fît, en faveur de l'institution, une quête qui produisit onze mille deux cent soixante-onze livres.

Les commissaires chargés de la direction de l'école, parmi lesquels figuraient le duc de Villequier et M. Blin de Sainmore, l'un des sept fondateurs, représentèrent la Société à cette fête, dans laquelle on entendit pour la première fois l'hymne composé en son honneur, par Gossec, membre de la Société et créateur

du Conservatoire, sur ces paroles touchantes
de l'abbé Aubert, célèbre fabuliste, aussi
membre de la Société :

O ciel, pour combler tes bienfaits,
Ouvre un instant notre paupière
Et nous n'aurons plus de regrets
D'être privés de la lumière.

Que notre œil contemple les traits
De ceux dont la main nous soulage,
Et referme-le pour jamais,
Nos cœurs en garderont l'image.

A peu de temps de là, l'église de Saint-Eustache célébrait, en grande pompe, la première communion et la confirmation des enfants aveugles. La musique des gardes françaises y faisait entendre des morceaux nouveaux du même maître, Gossec, et la quête, faite par Mᵐᵉ la comtesse d'Ayat, produisait quinze cent quarante-huit livres.

L'union la plus parfaite ne cessa de régner entre l'Instituteur et les Administrateurs. Quel meilleur témoignage pourrait-on invoquer que celui d'Haüy, parlant en ces termes de ses collaborateurs : « Que ne nous est-il permis,
« disait-il, de nommer tous les membres de
« cette Société respectable, qui n'ayant ni répu-

« tation, ni fortune à acquérir, ont partagé avec
« nous, modestement, dans le silence, les dé-
« tails nombreux auxquels nous entraîne la
« direction de l'établissement*. »

Aussi les résultats furent-ils tels qu'on les pouvait attendre de cette collaboration. Le nombre des élèves s'éleva en 1787 à soixante, répartis en plusieurs classes et ateliers. Un de leurs ouvrages est parvenu jusqu'à nous : c'est le compte rendu du comité à l'Assemblée générale du 14 décembre 1787, qui porte à son frontispice cette mention : « Imprimé sous la direc-
« tion de M. Clausier, imprimeur du Roi, par
« les Enfants Aveugles, en leur Maison d'Insti-
« tution, rue Notre-Dame-des-Victoires, 18. »

Mais la charge était lourde pour la Société. On peut s'en rendre compte par le budget inséré au Calendrier Philanthropique de 1790. La dépense prévue est de deux mille huit cent quatre-vingts livres pour six professeurs et six chefs d'ateliers, cinq mille quatre cent soixante-douze livres pour quarante-huit élèves, enfin six mille livres pour frais d'établissement, en sus du produit du travail des élèves. On avait espéré, en effet, pouvoir tirer de leur industrie

---

* Guadet. — Institution des Jeunes Aveugles, 1849.

des ressources suffisantes pour alimenter l'établissement, mais cette espérance ne s'était pas réalisée et bientôt la Société, qui voyait chaque jour diminuer ses recettes, dut songer à restreindre ses dépenses.

Elle ne pouvait penser à abandonner ses vieillards, ses familles chargées d'enfants, ses ouvriers infirmes ; et d'un autre côté, l'École des jeunes aveugles avait trop bien conquis la faveur publique, pour qu'il pût être question de la fermer. La Société demanda et obtint que l'État se substituât à elle pour la continuation de son œuvre. Un décret de l'Assemblée constituante du 21 juillet 1791 prononça la réunion de l'École des jeunes aveugles à l'Institut des Sourds-muets dans l'ancien couvent des Célestins.

Quelle mère hésite à se séparer de son enfant, pour lui conserver la vie? La Société Philanthropique se sépara donc de l'Institut des jeunes aveugles, qui fut sauvé, grâce à cette adoption par l'État. Il vit encore aujourd'hui, et il n'a pas oublié son origine, que rappelle une inscription placée dans la chapelle de l'établissement actuel, au boulevard des Invalides.

La Maison Philanthropique, après avoir jeté ce lest, essaie de reprendre son essor. Elle continue à payer les pensions et secours à toutes ses classes de protégés, y compris celle des jeunes aveugles, car elle n'a entendu se décharger que des frais d'entretien de l'établissement, sans se désintéresser de ses enfants d'adoption. Mais elle prévoit que bientôt il lui faudra faire d'autres réformes.

Dans une lettre au *Journal de Paris*, elle annonce que le secours mensuel des octogénaires est réduit de quinze à douze livres, celui des aveugles de douze à neuf livres, celui des enfants de familles nombreuses de quatre à trois livres, les frais de couches de quarante-huit à vingt-quatre livres. Elle fait un affligeant tableau de la diminution de ses ressources, et déplore en termes émus la cruelle nécessité où elle est réduite de se résigner à ces retranchements.

Dans le compte rendu de l'année 1791, elle évalue à quatre-vingt mille livres ses dépenses réduites, et n'espérant plus réunir cette somme au moyen des dons du public et de la cotisation des associés, elle se déclare impuissante à soutenir la lutte, si la Municipalité et l'État ne lui viennent en aide.

Le rapport, signé Béthune-Charost et Copineau, se termine par ce cri de détresse : « Élevons bien haut l'étendard de la bienfaisance, rallions autour de nous les amis de l'humanité souffrante, de l'indigence honnête et laborieuse, appelons nos concitoyens les plus insouciants, faisons défiler sous leurs yeux nos vieillards, nos enfants, nos femmes enceintes, et osons les défier d'être insensibles ! »

Le Calendrier Philanthropique de 1792 ne nous est pas parvenu. Celui de 1793, chant du cygne de la Société expirante, est intéressant et poignant dans ses moindres détails. S'il constate avec tristesse la diminution des ressources, « provenant des événements publics, qui ont occasionné l'éloignement d'un grand nombre de personnes, et qui ont diminué presque toutes les fortunes, » il ne laisse pressentir encore aucune intention de dissolution.

La révision triennale a lieu conformément aux Statuts, dans l'Assemblée générale du 4 janvier, présidée par le citoyen Hurel, secrétaire ; le renouvellement des officiers se fait dans la forme accoutumée. M. Debéthune-Charost, (sic) est réélu président; MM. Duroure, Blin, Hurel et Tassin sont élus ou réélus vice-présidents, secrétaire et trésorier. La liste des membres associés, dans laquelle l'émigration et la mort ont déjà fait bien des vides, contient encore plusieurs noms, un peu transformés à la mode du temps, des premiers philanthropes, tels que les Demontinorency, Dechoiseul, Decoigny, Delange (Savalette de Lange), etc.

Le même Calendrier nous donne le compte rendu des recettes et dépenses de l'exercice 1792, rendu à l'Assemblée générale du 8 février 1793. Les dépenses se sont élevées à soixante-sept mille trois cent quatre-vingt-trois livres, la cotisation des associés n'a produit que trente-trois mille deux cent huit livres ; la différence a été couverte au moyen des réserves et des libéralités publiques. Il reste une somme de neuf mille deux cent quatre-vingt-deux livres à reporter à l'exercice suivant. C'est avec cette faible ressource, et avec la perspective certaine de la disparition ou de la ruine de la plupart des associés, que la Maison Philanthropique va essayer encore de lutter contre la mauvaise fortune.

Il faut remarquer les dates de ces deux assemblées, 4 janvier et 8 février. C'est entre les deux, que se place celle du 21 janvier qui a vu périr sur la place de la Révolution celui qui s'était déclaré chef et protecteur de la Société. Le Calendrier est muet sur cet événement.

M. le Dr Payen et M. le comte d'Haussonville ont tous deux indiqué la date de 1793 comme le terme de cette première étape de la carrière de la Maison Philanthropique. Nous devons à l'obligeance d'un chercheur érudit[*] la découverte d'un document important, qui va nous la montrer encore vivante, mais bien près de sa fin, au mois de juin 1794.

Ce document, officiel, est le procès-verbal, inséré au *Moniteur*, d'une séance de la Convention, presque exclusivement consacrée à la Société Philanthropique. Il nous apprend d'abord que la Société avait reçu du gouvernement, en 1793, une somme de vingt-cinq mille livres. Il nous fait connaître enfin, par le refus d'un nouveau subside, et les motifs de ce refus, les pré-

---

[*] M. Faucou, sous-conservateur de la bibliothèque de la Ville de Paris.

ventions de la Convention contre les Sociétés particulières de bienfaisance, et sa prétention de revendiquer pour l'État le droit exclusif de secourir l'indigence et de recueillir tous les dons « des amis de l'humanité. »

Dans cette séance de la Convention nationale, du 29 prairial an II (17 juin 1794), présidée par le citoyen Maximilien Robespierre, le citoyen Ducos, au nom du Comité de secours publics, fait un rapport sur une demande de dix-huit à vingt mille livres, faite pour la Société Philanthropique de Paris.

Les dimensions de ce rapport ne permettent pas de le reproduire tout entier; nous en extrayons les parties les plus intéressantes :

« Cette Société, dit le rapporteur, s'était
« formée en 1780. D'abord formée de citoyens
« riches, elle fit beaucoup de bien aux pauvres,
« tant que le gouvernement leur a fait beaucoup
« de mal; mais ses ressources diminuèrent dès
« que la Révolution prit de la consistance,
« parce que la plupart des membres émigrèrent
« ou ralentirent leurs dons, en raison de leur
« inimitié pour la Révolution, car ils ne vou-
« laient être les amis de l'humanité que par
« orgueil, et autant que l'humanité resterait
« dans l'esclavage.

« Le petit nombre de membres dont un sen-
« timent opposé dirigeait les intentions, repré-
« sentèrent au Conseil exécutif, dans le mois de
« janvier 1793, qu'ils n'avaient plus les mêmes
« moyens de se soutenir; ils en sollicitèrent une
« somme de trente-six mille livres, ils en obtin-
« rent vingt-cinq mille.

« Au mois de septembre dernier, cette So-
« ciété se présenta au Comité de secours pour
« en réclamer les onze mille livres qui devaient
« compléter les trente-six mille; mais plusieurs
« lois assuraient déjà les moyens de subsistance
« à la vieillesse et à l'indigence, aux enfants
« abandonnés et aux familles des défenseurs de
« la patrie.

« Votre Comité estima qu'il n'y avait pas lieu
« d'en délibérer.

« ... Vous avez décidé, par le décret du
« 13 pluviôse, qu'il ne pouvait plus y avoir
« qu'une manière de secourir l'indigence, et
« par celui du 19 mars, que toutes les généro-
« sités individuelles, tous les dons des amis de
« l'humanité devaient se confondre dans la masse
« commune...

« Citoyens, ne vous y méprenez pas, il est
« encore des indigents qui sont opulents en
« aristocratie, qui craignent de se présenter

« aux secours communs, ou qui croient in-
« dignes d'eux de se môler dans la liste des
« pauvres patriotes.

« Les citoyens pauvres ne doivent pas avoir
« deux moyens d'être secourus; l'égalité des
« droits, l'esprit de fraternité ne le permettent
« pas; ce serait maintenir en pauvreté des castes
« qui ont été détruites en politique; tous les
« indigents sont frères, sont citoyens, ils doi-
« vent donc recevoir les secours en commun et
« de la même source…

« … Je n'entends faire aucun reproche à la
« Société Philanthropique de Paris. Mais soyez
« sûrs que c'est dans les assistances particu-
« lières et clandestines, que les ennemis de la
« République trouvent de quoi se soutenir dans
« le sein d'une patrie qu'ils déchirent; or, si
« vous accordez quelques fonds à la Société de
« Paris, toutes les autres, dont vous ne con-
« naissez ni l'esprit ni l'usage qu'elles font de
« leur caisse, auront le droit d'en exiger… »

Après avoir entendu ce rapport, la Convention nationale;

« Considérant que la Nation a contracté
« l'engagement de secourir l'indigence…

« Que s'il a été accordé précédemment des
« sommes à des Sociétés philanthropiques,

« c'est lorsque les lois n'avaient pas suffisam-
« ment pourvu aux moyens de secourir tous les
« indigents de la République...

« Déclare qu'il n'y a pas lieu à délibérer. »

La Société ne pouvait survivre à ce décret. Ou, du moins, si ce n'était pas la mort, puisque nous la verrons en l'an VIII reparaître, avec son nom et ses traditions, c'était le commencement d'une léthargie qui devait durait six ans.

Ici s'arrête l'histoire de la première période de la Société. Dans ce court espace de quatorze ans, elle a fait plus que de répandre des bienfaits individuels; elle a semé des idées qui ont germé. Qu'importe que ce soit dans le champ du voisin ! En effet, que voyons-nous figurer, encore aujourd'hui, aux comptes moraux et financiers de l'Assistance publique de Paris, sous le titre de secours à domicile ? Diverses catégories, telles que : vieillards, aveugles, femmes enceintes, ménages chargés d'enfants. C'est exactement la nomenclature des diverses classes de l'ancienne Société Philanthropique; l'Institut national des Jeunes Aveugles, c'est l'École de Valentin Haüy continuée; enfin l'Asile national Vacassy, récemment ouvert pour les ouvriers estropiés, n'est autre chose que la sixième classe.

Cette première période a donc été glorieuse et féconde, et c'est à juste titre que la Société actuelle est jalouse et fière d'une pareille origine.

DEUXIÈME PÉRIODE

DEUXIÈME PÉRIODE

Ce n'est pas seulement une autre période, c'est aussi un autre système d'assistance que nous allons aborder en retraçant l'histoire de la Société Philanthropique à partir de sa reconstitution. En effet, l'objet principal, presque exclusif, de la Société avant la Révolution, c'est le secours en argent, la pension viagère pour les vieillards, temporaire pour les enfants, le subside pour frais de couches, etc.

La nouvelle Société se proposera pour but de donner des aliments à ceux qui ont faim, des soins et des médicaments à ceux qui souffrent, mais elle ne distribuera plus de secours en argent.

Nous avons vu que l'ancienne Maison Philanthropique était arrivée à pensionner plus de quatre cents vieillards, nonagénaires et octogénaires, jusqu'à l'année 1790. Combien en restait-il quatre ans après, quand la Convention, en lui refusant toute subvention, la forçait à se dissoudre? Moitié peut-être, en admettant qu'elle eût cessé d'en inscrire de nouveaux. On comprend quel dut être le désespoir de ces hommes de cœur, en manquant à l'engagement moral pris envers ces malheureux! Sans doute, la Société avait été imprudente en assumant une charge annuelle aussi lourde, sans avoir des rentes qui lui garantissent le service régulier des pensions accordées, mais l'imprudence, en fait de charité, n'est-elle pas la règle commune?

Soit que les nouveaux Philanthropes, avertis par cette cruelle expérience, n'aient pas osé compter assez sur l'avenir pour rouvrir le livre des pensions, soit qu'ils aient eu confiance pour y suppléer, dans les comités de bienfaisance nouvellement organisés, ils vont chercher d'autres moyens de soulager la misère et la souffrance.

Cette seconde période, qui comprend quatre-vingt-dix ans, presque un siècle, sera divisée par époques, correspondant aux divers gouvernements qui se sont succédé en France à des intervalles presque réguliers de quinze à vingt ans.

PREMIÈRE ÉPOQUE

CONSULAT — EMPIRE

C'est en l'an VIII (1800-1801) qu'ont lieu les premiers essais, à Paris, de distributions de soupes économiques aux indigents. L'honneur de l'invention revient à un étranger, le comte de Rumford, le mérite de l'importation appartient à Benjamin Delessert.

Thompson, comte de Rumford, né en Amérique, tour à tour colonel au service de l'Angleterre, ministre et ambassadeur de l'Électeur de Bavière, finit par se fixer en France, où il épousa la veuve de Lavoisier, et se rendit célèbre par de nombreux travaux scientifiques, politiques et philosophiques. Ses Mémoires sur la composition des soupes de légumes et sur la construction des fourneaux économiques lui acquirent une réputation, comme philanthrope, au moins égale à son renom comme savant.

Les soupes à la Rumford étaient déjà populaires en Bavière et à Genève avant d'avoir été expérimentées à Paris. Le gouvernement eut un instant l'idée d'en faire lui-même l'essai. Un rapport de Parmentier, au nom du Comité général de bienfaisance, est adressé, sur ce sujet, au ministre de l'Intérieur le 25 floréal an VIII. Le rapporteur constate qu'un assez grand nombre de souscripteurs s'est déjà intéressé à cette expérience et il termine son rapport par ces paroles optimistes : « Peut-être « n'est-il pas loin de nous le temps où nos col- « lègues (les membres du Comité de bienfai- « sance) auront la consolation de pouvoir dire, « comme le ci-devant curé de Saint-Étienne- « du-Mont à la fin de l'hiver de 1787 : S'il « est un pauvre qui ait souffert et que je n'aie « pas soulagé, qu'il m'accuse, car mes parois- « siens ne m'ont pas laissé manquer de moyens « pour les secourir. »

Un autre rapport du même Comité, signé Delessert et de Candolle, conclut sagement que le gouvernement ne doit pas être fondateur en pareille matière, mais promoteur, et il propose de s'adresser aux particuliers, qui recevront en paiement de leurs souscriptions des billets de soupes, qu'ils distribueront aux indigents.

Tous ces documents nous ont été conservés par le Dr Payen. Il faut renoncer à les analyser, et même à les citer tous, il serait d'ailleurs difficile aujourd'hui de s'intéresser à de longues dissertations sur la composition des soupes, sur la substitution de l'orge mondé au riz, et autres détails dont la prolixité n'effrayait pas nos ancêtres, plus patients que nous.

Delessert ne se contentait pas de conclure en faveur de l'initiative privée opposée à l'action directe du gouvernement, il donnait l'exemple, en fondant le premier fourneau économique qui ait fonctionné à Paris.

Ce premier établissement, ouvert le 21 pluviôse an VIII (10 février 1800), rue du Mail, 18, distribue trois cents soupes par jour, environ vingt mille, tout le reste de l'hiver.

L'année suivante, sept fourneaux sont en activité, et les fondateurs et souscripteurs se réunissent pour former une association qui compte parmi ses membres plusieurs survivants de l'ancienne Société Philanthropique, et qui ne tardera pas à en reprendre le nom.

M. de Candolle, secrétaire du Comité, dans un rapport à l'Assemblée générale du 15 floréal an IX (5 mai 1801), nous fait connaître la situation de ces sept établissements, et leur origine.

Le premier, est le fourneau Delessert, dont nous avons parlé ; le second a été fondé rue Miromesnil, par Mme Bonaparte, alors toute rayonnante des gloires récentes de Brumaire et de Marengo ; le troisième, au Panthéon, par une dame anonyme ; le quatrième, rue du Bac, par les ministres de l'Intérieur, de la Police et des Relations extérieures, conjointement avec le citoyen Béthune-Charost ; le cinquième au grand séminaire Saint-Sulpice, par le Sénat conservateur ; enfin, les deux derniers, rue du Crucifix Saint-Jacques et passage des Messageries, par l'association elle-même.

Le nombre des soupes distribuées pendant ce second exercice est de cent soixante-quatre mille.

La formule suivante a été adoptée pour les bons de soupe, afin, dit le rapporteur, de ménager l'amour-propre des pauvres :

SOUPES AUX LÉGUMES
Le porteur a payé
Deux Sols (un Décime)
POUR UNE SOUPE
De Midi à Deux heures

Deux ans après, la Société, renonçant à ce

pieux mensonge, adoptera une forme nouvelle : la carte représentera une mère de famille à laquelle on apporte une soupe aux légumes. La Société ne possède pas d'exemplaire de cette carte. Nous la reproduisons ici d'après un fac-similé, peut-être unique, qui se trouve à la bibliothèque de la Ville de Paris, dans une brochure de 1812, intitulée : *Instructions sur les soupes économiques*. (Imprimerie Impériale.)

Nous venons de voir reparaître le nom du duc de Charost, qui avait été l'âme de la Société pendant la première période. C'est à son infatigable sollicitude pour la classe indigente, qu'on devait la fondation du quatrième fourneau, pour laquelle il avait obtenu le concours des Ministres ayant leur résidence dans l'arrondissement dont il était Maire. Il avait eu à peine le temps de remettre à l'association les fonds qu'il venait de recueillir pour cette fondation, lorsqu'il mourut (1800), avant d'avoir réalisé ses projets de reconstitution de la Société Philanthropique.

C'était une grande perte pour la Société, mais les dévouements ne manquaient pas, prêts à suppléer le sien. Nous avons déjà nommé Delessert et de Candolle ; les autres membres du premier Comité des soupes économiques sont : MM. de Pastoret, président; Cadet de Vaux, vice-président; Mathieu de Montmorency, secrétaire. Quant à MM. Delessert et de Candolle, ils sont : le premier, trésorier, et le dernier, vice-secrétaire.

Ces nouveaux membres n'étaient pas connus seulement par leur concours à l'œuvre philanthropique des soupes à la Rumford, et l'avenir réservait à plusieurs d'entre eux assez de notoriété pour qu'un peu de biographie ne paraisse pas déplacée à leur sujet.

Le marquis de Pastoret, d'une très ancienne famille de magistrats, avait eu un instant le portefeuille de la Justice, sous Louis XVI. Émigré, puis rentré en France en 1795, il avait été porté au 18 fructidor sur les listes de déportation. Rentré de nouveau en 1800, il devint plus tard sénateur de l'Empire en 1809, président de la Chambre des Pairs, chancelier de France, tuteur des enfants du duc de Berry. Auteur de plusieurs ouvrages sur la législation, il mourut en 1840, à quatre-vingt-quatre ans, membre des Académies française, des Inscriptions, et des Sciences morales.

Cadet de Vaux avait été d'abord pharmacien. Il quitta son établissement pour se livrer à des études scientifiques et économiques. Il fut le collaborateur de Parmentier, et le fondateur, en 1787, du *Journal de Paris,* qui contribua puissamment au développement de l'ancienne Société Philanthropique.

Mathieu de Montmorency avait pris part à la guerre d'Amérique. Appelé aux États généraux en 1789, il proposa l'abolissement des titres de noblesse. Émigré en 1789, il revint en France après le 9 Thermidor, n'occupa aucune fonction sous l'Empire, et devint, sous la Restauration, pair de France, ministre des Affaires étrangères, puis gouverneur du duc de Bordeaux.

Benjamin Delessert avait fait plusieurs campagnes sous la Révolution comme capitaine d'artillerie. Il fonda, à Passy, une raffinerie de sucre de betterave qui lui valut la croix d'honneur et le titre de baron de l'Empire. Ses titres principaux à la reconnaissance publique sont la fondation en France de la Caisse d'Épargne (1818), et la propagation de l'instruction primaire et des salles d'asile.

De Candolle, célèbre botaniste, né à Genève, était l'ami de Delessert. Il vécut en France jusqu'en 1815, laissa des travaux considérables sur le règne végétal. Après s'être compromis pendant les Cent Jours, en acceptant les fonctions de recteur de l'Académie de Montpellier, il rentra dans sa ville natale, qui créa pour lui une chaire d'histoire naturelle et un jardin botanique.

D'importantes résolutions furent prises dans l'Assemblée générale du 16 brumaire an XI. Nous en parlerons avec quelques développements, sauf à brûler les étapes, quand aucun événement nouveau ne sollicitera notre intérêt.

Devant cette Assemblée, le citoyen de Montmorency rend compte des travaux et résultats de l'an X. Vingt-quatre fourneaux ont fonctionné. Seize cent mille soupes ont été distribuées. La dépense s'est élevée à cent soixante et un mille huit cent trente et une livres. Il y a été pourvu au moyen de souscriptions et dons, jusqu'à concurrence de cinquante mille livres, et pour le surplus par la vente de bons aux bureaux de bienfaisance, à l'agence des secours et autres établissements.

On voit quelle prodigieuse progression a suivi l'association en si peu de temps. Vingt mille soupes, la première année; cent soixante-quatre mille, la seconde; un million six cent mille, la troisième. Disons tout de suite que ce chiffre était tout à fait exceptionnel. L'hiver de 1802, auquel il correspond, avait eu sans doute des rigueurs particulières, qui avaient motivé de la part des bureaux de bienfaisance et de l'agence des secours l'achat d'un million de bons. Dès l'année suivante, le nombre des bons tombe à quatre cent cinquante-six mille, et il se maintiendra jusqu'en 1811 entre deux cent et trois cent mille par année.

Cette même Assemblée du 16 brumaire an XI entend encore un rapport de M. de Candolle sur les établissements de soupes économiques dans les départements. Vingt-deux en ont fait l'essai, quatre ont renoncé à le poursuivre. Enfin, après un discours du président de Pastoret sur les projets d'avenir du Comité s'étendant à l'instruction, au travail et à la maladie des indigents, aux associations de prévoyance, etc., l'association des soupes économiques, qui compte parmi ses membres des hommes de bien dont la Société Philanthropique fut autrefois composé, décide, sur la proposition de son président, qu'elle reprend le titre de Société Philanthropique, et elle arrête ses nouveaux statuts, dans les termes suivants, qui sont identiquement ceux sous lesquels elle a été, trente-six ans plus tard, reconnue comme établissement d'utilité publique, par ordonnance royale du 27 septembre 1839 :

« Le but de la Société n'est pas de distribuer
« des secours aux individus par elle-même;
« les bureaux de charité remplissent utilement
« et honorablement ce devoir. Le but de la So-
« ciété est de faire connaître et de mettre en
« pratique tout ce qui peut concourir à sou-
« lager les besoins actuels du pauvre et à lui
« préparer des ressources pour l'avenir; en
« conséquence :

Article premier.

« Les soupes économiques seront toujours le
« premier de ses soins, dans la manière accou-
« tumée; elle s'occupera ensuite successive-

« ment, à mesure que ses moyens le lui permet-
« tront, de l'établissement des maisons de tra-
« vail, des écoles de charité, des Sociétés de
« prévoyance etc., etc. ; enfin d'institutions
« relatives aux pauvres et aux indigents.

Article 2.

« Pour devenir membre de la Société, il fau-
« dra être proposé au Comité d'administration
« par deux membres de la Société.

Article 3.

« Les membres de l'ancienne Société Phi-
« lanthropique et de la Société de bienfaisance
« judiciaire, les membres des bureaux de cha-
« rité, ceux de l'administration des hospices et
« les souscripteurs pour les soupes économi-
« ques, seront dispensés de la formalités de la
« présentation.

Article 4.

« Chaque membre de la Société devra pren-
« dre au moins une souscription de trente francs
« qui sera renouvelée tous les ans*.

* La souscription est actuellement de quarante francs.

Article 5.

« Un comité d'administration sera chargé de
« la rédaction des règlements intérieurs, de la
« formation et de la direction de tous les éta-
« blissements, de la convocation de l'Assemblée
« générale de la Société.

Article 6.

« L'Assemblée générale nommera chaque
« année au scrutin, et à la majorité relative des
« voix, les cinquante membres qui formeront
« le Comité d'administration; elle nommera en
« outre au scrutin individuel et à la majorité
« relative des voix, le président, deux vice-pré-
« sidents, le secrétaire, deux vice-secrétaires,
« et le trésorier de la Société.

Article 7.

« Le comité d'administration pourra s'ad-
« joindre vingt personnes prises parmi les mem-
« bres de la Société, ou même hors de son sein.

Article 8.

« Tous les membres de la Société Philanthro-
« pique auront droit d'assister aux délibérations
« du Comité; mais on ne pourra y voter que
« lorsqu'on sera membre du Comité.

Article 9.

« Tous les membres de la Société recevront
« cent bons de soupes par chaque souscription
« de trente francs, et à mesure qu'un des autres
« établissements de bienfaisance mentionnés
« dans l'article premier sera formé, il sera aussi
« attribué à chaque souscription des droits de
« présentation dans la proportion qui sera déter-
« minée.

Article 10.

« Tous les ans, la liste des souscripteurs, les
« rapports et les comptes de recettes seront
« rendus publics et distribués aux membres de
« la Société. »

Sauf quelques modifications additionnelles
à l'article premier, approuvées par décret du
14 mai 1883, ces statuts, dont la rédaction remonte à quatre-vingt-huit ans, régissent encore
aujourd'hui* la Société.

Aussitôt reconstituée, la Société songe à réali-

* 1891.

ser les promesses de ses statuts, en commençant par les malades. Le 6 prairial an XI (1803), elle ouvre cinq dispensaires à Paris, trois sur la rive droite de la Seine, deux sur la rive gauche. Le plan de cette création nouvelle est exposé dans le rapport à l'Assemblée générale du 11 frimaire an XII, par Deleuze, vice-secrétaire. Deleuze était aussi un savant, bibliothécaire du Muséum, et auteur d'un ouvrage important sur le magnétisme animal.

« Les dispensaires établissent, » ainsi s'exprime le rapporteur, « des relations entre les « hommes qui ont de l'aisance et ceux qui vi- « vent de leur travail.

« Le but de chaque dispensaire est de donner « aux malades qui lui sont recommandés par « les souscripteurs de la Société Philanthro- « pique, tous les secours de la médecine, de « leur fournir les médicaments nécessaires et de « leur faire les opérations que leur état exige.

« A chaque dispensaire sont attachés :

« Un médecin et un chirurgien titulaires, « deux médecins ou chirurgiens suppléants, un « médecin et un chirurgien consultants. Les « titulaires sont appointés, quoique presque « tous eussent offert gratuitement leurs ser- « vices, mais on a pensé que, bien qu'on pût

« s'en fier à leur zèle, il était convenable de leur
« donner vis-à-vis d'eux-mêmes un engagement
« de plus. »

Cette sage disposition a toujours été maintenue ; elle assure au Comité l'autorité et la surveillance nécessaires pour conserver le bon ordre et l'unité. Chaque souscripteur reçoit une carte portant son nom, il la remet au malade qu'il veut faire soigner. La carte reste déposée au dispensaire tant que ce malade est en traitement. Lorsque ce traitement est terminé, par guérison ou autrement, la carte revient à son titulaire, qui peut en disposer de nouveau en faveur d'un autre malade.

Tel est le système adopté au début. L'expérience a amené la Société à apporter dans la suite quelques modifications dans la pratique des dispensaires, tout en conservant l'esprit de l'institution.

Ainsi, malgré de nombreux succès obtenus dans la chirurgie, grâce surtout aux talents et au dévouement de l'illustre Marjolin, elle a renoncé à ce service, quand elle a reconnu que les hôpitaux présentaient désormais, pour les opérations de quelque importance, plus de facilités et de garanties qu'elle ne pouvait en assurer aux malades soignés chez eux.

Elle a remplacé la carte portant le nom du souscripteur, et pouvant être transférée de malade en malade pendant toute la durée de l'exercice, par trois cartes délivrées en blanc à chaque souscripteur et attribuées par lui aux malades qu'il entend faire soigner pendant le délai maximum de trois mois.

Enfin elle a institué des consultations gratuites dans tous les dispensaires, pour les malades non pourvus de cartes, mais dans ce cas, sans gratuité des médicaments, à la différence des malades attributaires de cartes qui reçoivent les médicaments sans frais.

Tel est encore aujourd'hui le régime des dispensaires, qui rend beaucoup de services mais qui impose une lourde charge à la Société.

La même Assemblée du 11 frimaire an XII qui s'est occupée de la création des dispensaires, entend encore les rapports de MM. de Montmorency, secrétaire, et Delessert, trésorier, desquels nous ne retiendrons que quelques chiffres éloquents, tels que : le nombre des souscripteurs, déjà remonté à trois cent quatre-vingt-huit, la subvention du Premier Consul. de dix-huit mille deux cent vingt-cinq francs, et la dépense totale de l'exercice, s'élevant à soixante-dix-neuf mille sept cent quatre-vingt-quatre francs.

Dans cette dépense, figure une somme de huit cents francs allouée aux écoles, et en grande partie affectée à l'essai de la méthode Pestalozzi, qui paraît avoir passionné les esprits, si on en juge par l'abondance des mémoires qu'elle a suscités. Le système de Pestalozzi, instituteur suisse, se fondait sur des observations psychologiques ; il consistait principalement à faire marcher de front les diverses branches de l'enseignement, et à forcer l'enfant à se rendre compte du but et de l'application de tout ce qu'il apprenait.

Si nous avons donné un tel développement à cet exercice, on voit qu'il est justifié par son importance et ses résultats. Nous aurons bientôt l'occasion d'être plus bref, quand la Société n'aura plus qu'à continuer son œuvre sur des errements presque invariables.

Pendant le cours des années suivantes, qui sont les belles années de l'Empire victorieux, les besoins des pauvres sont moins grands et les rations distribuées par les fourneaux n'atteignent pas le chiffre de quatre cent mille. En revanche, les dispensaires commencent à être connus et le chiffre des malades s'élève à mille sept cent trente-quatre en 1806. La Société a continué à encourager plusieurs écoles, et à propager la méthode Pestalozzi, et celle de Choron, pour l'enseignement de l'arithmétique. Enfin, elle s'est ouvert une voie nouvelle, celle des subventions aux Sociétés de prévoyance.

Partout où soixante ouvriers se réunissent pour former une Société de prévoyance, la Société Philanthropique alloue une subvention de cent ou deux cents francs pour contribuer à sa formation. Les Sociétés de secours mutuels, c'est le nom qui a prévalu, doivent donc à la Société Philanthropique, sinon leur création comme l'institution des Jeunes Aveugles, au moins la protection qui leur a permis de se développer. Les noms de ces Sociétés protégées sont curieux à citer, aussi bien pour leur étrangeté, qu'à cause de la diversité des professions qu'ils représentent. A côté des Sociétés : des Amis de l'Humanité, de l'Officieuse, de la Bienfaisance Réciproque, du Soulagement, du Miroir des Vertus, etc., on voit celle des Imprimeurs de l'Imprimerie impériale, des débardeurs, des fouleurs-chapeliers, des orfèvres, des arts graphiques, des bonnetiers, des ouvriers de la pompe à feu, etc...

Le plus ardent promoteur de l'idée paraît avoir été Dupont de Nemours. C'est lui qui, au nom de la commission des Sociétés de prévoyance, fait un rapport spécial sur ce sujet, aux Assemblées générales, depuis l'an VIII jusqu'à l'année 1810. Nous ne pouvons laisser passer son nom sans nous y arrêter un instant.

Après le vote des nouveaux statuts (1803), le Comité et le bureau sont reconstitués. M. de Pastoret est réélu président. Il conservera ses fonctions jusqu'en 1816. Le général Sérurier et Parmentier sont élus vice-présidents. Mais le premier, ayant été nommé maréchal de France en 1804, ne fit que passer et fut remplacé par Dupont de Nemours.

Ce sont donc deux économistes célèbres, Parmentier et Dupont de Nemours, qui jusqu'en 1813, date de la mort de Parmentier, dirigèrent avec M. de Pastoret les travaux de la Société.

La renommée de Parmentier est universelle. Il est surtout connu comme importateur de la pomme de terre en France, mais il a rendu d'autres services par ses études sur les céréales, les boissons, et généralement sur l'alimentation. Il contribua à l'organisation de la pharmacie centrale et de la boulangerie des hôpitaux.

Dupont de Nemours, ami et collaborateur de Turgot, avait été député aux États généraux de 1789. Il a laissé de nombreux ouvrages sur la politique, l'histoire naturelle, la physique, etc. Réfugié en Amérique sous la Terreur, il revint en France aux premiers jours du Consulat, et quitta de nouveau la France à la seconde chute de l'Empire. De 1803 à 1815, il fut l'un des membres les plus actifs de la Société Philanthropique.

Si nous ajoutons que Deleuze succéda à Mathieu de Montmorency comme secrétaire en 1813 et que Delessert resta invariablement trésorier, nous aurons donné le tableau complet de la composition et des mutations du bureau, pendant toute la durée de l'Empire.

Les rapports et comptes rendus annuels, confiés à ces hommes éminents, à la fois penseurs et écrivains, sont intéressants et littéraires. Mais il faut savoir se borner, même quand on ne sait pas écrire, et nous n'en extrairons que ce qui est nécessaire pour faire connaître la situation et les travaux de la Société jusqu'aux désastres de 1814.

Nous avons vu que sa sollicitude se partageait entre quatre branches d'action ou de protection : les soupes économiques, les dispensaires, les écoles de charité, et les Sociétés de prévoyance. Nous allons les étudier successivement dans l'ordre de leurs créations.

Après s'être maintenue plusieurs années entre trois cent et quatre cent mille, le nombre des soupes distribuées décrut à cent soixante-dix-sept mille en 1808, et cent vingt-sept mille en 1809. Plusieurs bureaux de bienfaisance, après avoir souscrit un grand nombre de bons, cessaient d'en demander. On dut fermer plusieurs fourneaux. Les plaintes exhalées à cette occasion témoignent d'un certain découragement. Le commissaire des comptes de 1808 s'exprime ainsi, après avoir rappelé les seize cent mille rations de l'an X : « Mais, « messieurs, l'esprit de système entre partout ; « la charité elle-même n'en est pas exempte. « Elle a aussi ses caprices qu'il faut respecter,

« et le bien que nous avons voulu faire doit
« nous consoler de celui que nous n'avons pas
« fait. » L'expression n'est pas des plus heureuses, mais le regret n'est pas moins honorable.

Ces chiffres se relèvent un peu les années suivantes, puis arrive l'année 1812 qui va être pour la Société l'occasion d'une éclatante revanche. La récolte de 1811 avait été désastreuse. Une grande misère s'annonçait pour l'hiver de 1811 à 1812. L'Empereur s'en émut et voulut que vingt mille soupes par jour fussent distribuées aux pauvres de Paris. Le préfet ne crut pouvoir mieux faire que de s'adresser à la Société Philanthropique et mit à sa disposition tous les fonds nécessaires pour créer d'urgence les fourneaux supplémentaires qu'exigeait une pareille distribution.

La Société n'hésita pas à accepter cette charge et cet honneur. Quarante-deux fourneaux furent mis en activité. La dépense se monta à deux cent quatre mille six cent quarante-sept francs pour frais d'établissement, et deux cent cinq mille quarante-deux francs pour achat de denrées. Les hospices souscrivirent, par ordre, pour trois cent trente-trois mille trois cent soixante francs de bons, la Société de Charité maternelle pour vingt-neuf mille huit cent vingt-cinq francs ; le surplus fut couvert par les souscriptions particulières et par les libéralités impériales. Le nombre des portions* distribuées s'éleva à quatre millions trois cent quarante-deux mille cinq cent soixante-neuf, chiffre qui n'a jamais été atteint, ni avant, ni depuis cette année exceptionnelle.

L'année suivante, la Société distribua encore un million neuf cent soixante-douze mille cent quarante-sept soupes ou portions de légumes, tant avec ses ressources propres, provenant en grande partie des réserves que lui avait laissées l'exercice précédent (trente neuf mille cinq cent quarante-trois francs vingt-sept centimes), qu'au moyen de l'achat de un million quatre cent mille bons que lui fit l'administration des hospices.

Pendant le même temps, les dispensaires restent fixés à cinq, mais le nombre des malades traités avec cartes s'est accru successivement, il dépasse deux mille pour la dernière

* C'est à cette époque qu'on commença à varier le menu, en offrant au choix la soupe traditionnelle, ou une portion de haricots ou de pommes de terre, cuite et assaisonnée.

année. Quant aux consultations gratuites, il n'en est pas fait état; c'est seulement à partir de 1845 qu'on les comprendra dans les statistiques.

Au rapport du 10 février 1810, on voit exprimer un vœu qui a été reproduit bien longtemps et qui n'a pu être accompli que depuis peu : « La perfection (dit Dupont de Nemours) « serait d'avoir un dispensaire par chaque arron- « dissement municipal; c'est le but auquel il « faut tendre, et que vous atteindrez peut-être « un jour, si vous y marchez constamment, « sans découragement et sans impatience. »

En même temps, on constatait que les dépenses des dispensaires menaçaient l'équilibre des budgets. Les cinq dispensaires coutèrent jusqu'à trente-quatre mille francs pendant l'exercice de 1806. Il n'était donc pas possible de songer à en augmenter le nombre.

Alors, comme aujourd'hui, la Société cherchait à lutter contre deux abus, bien difficiles à réprimer : 1° la facilité des médecins à conserver en traitement des malades chroniques qu'ils ne peuvent guérir, et qui, sans grand profit pour eux-mêmes, prennent les soins et les médicaments qui pourraient rendre la santé à d'autres; 2° la tendance de ces mêmes médecins à ordonner des remèdes composés, de préférence aux remèdes simples, moins coûteux et aussi efficaces.

On peut bien se permettre cette appréciation quand on a pour soi l'autorité de Parmentier, qui n'était pas seulement un savant de théorie, mais aussi un ancien pharmacien des armées. Sous sa direction, la Société adopta « une pharmacopée renfermant tout ce qui est « réellement nécessaire aux diverses maladies « qui affligent l'humanité, sans être surchargée « de ces préparations dispendieuses et compli- « quées, dont, par cela même, l'effet est plus « incertain, qu'on pourrait appeler le luxe de « médecine et que de vains préjugés font à tort « croire meilleures parce qu'elles sont plus « chères. » (Rapport de Dupont de Nemours, 31 janvier 1808.)

Sages paroles, que la Société devrait faire graver en lettres d'or dans tous ses dispensaires !

On a vu que le programme inséré à l'article premier des statuts, comprenait les écoles de charité. La Société commença en effet à soutenir une école à Chaillot et à propager, comme nous l'avons dit, les méthodes Pestalozzi et Choron. Mais l'insuffisance des ressources ne lui permit pas de persévérer longtemps dans cette voie. Au compte de l'exercice de 1806, figure pour la dernière fois une dépense de quinze cents francs pour les écoles, puis au compte rendu de 1807, il est dit que le Conseil des hospices a pris désormais les petites écoles à sa charge.

Quant aux Sociétés de prévoyance, ou de secours mutuels, la Société leur continue sa protection sous plusieurs formes. Elle ne leur accorde pas seulement des primes en argent soit pour les fonder, soit pour les soutenir, elle leur concède en outre des cartes de dispensaires, à titre gratuit, indépendamment de celles auxquelles elles ont droit comme souscripteurs. Vingt-trois sociétés figurent sur la liste de 1813, la plupart, pour deux ou trois souscriptions. Or, ces cartes, toujours employées, ne contribuaient pas peu à exagérer la dépense des dispensaires.

Enfin la Société s'occupe encore, par les soins d'une commission que préside Dupont de Nemours, de leur fournir des modèles de statuts, et le savant économiste ne dédaigne pas de faire de la propagande, en adressant un galant appel au concours des femmes : « Pour

« multiplier les Sociétés de secours mutuels, » dit-il dans un de ses rapports, « pour accomplir
« cette œuvre sainte, nous mettons notre plus
« grande confiance dans les femmes, que Dieu
« lui-même, en leur donnant la douceur et en
« leur accordant la beauté, a établies les véri-
« tables ministres de la persuasion. »

Nous aurons terminé l'histoire de la Société, pendant l'époque du Consulat et de l'Empire, quand nous aurons jeté un rapide coup d'œil sur les variations de son budget. Pendant cinq ans, de 1802 à 1806, les recettes se maintiennent au-dessus de quatre-vingt mille francs. Le Premier Consul accorde une subvention de dix-huit mille francs, qui est continuée par l'Empereur, indépendamment des sommes allouées par l'archichancelier, les ministres, etc.; les bureaux de bienfaisance, la Société de Charité maternelle achètent une grande quantité de bons, enfin la plupart des membres de la Société, dont le nombre reste fixé à quatre cents en moyenne, figurent sur la liste pour plusieurs souscriptions.

De 1807 à 1811, les recettes tombent au-dessous de cinquante mille francs. Les bureaux de bienfaisance restreignent leurs achats de bons, la subvention du ministre de l'Intérieur subsiste, mais le nom de l'Empereur cesse de figurer pour le don personnel qu'il faisait à la Société. Dupont de Nemours, dans un de ses rapports, laisse voir quelques inquiétudes : « Fais le bien et dors tranquille, dit un pro- « verbe oriental. — Dieu et la bienveillance « des hommes veilleront pour toi. — Nous « vous dirons : faites mieux encore, ne dormez « pas, car Dieu et la bienveillance des hommes « aident à ceux qui s'aident. »

Le concours demandé à la Société par le gouvernement, pendant l'hiver de 1812, change tout à coup la face des choses. La recette s'élève à quatre cent quatre-vingt-huit mille neuf cent trente francs. La dépense s'accroît naturellement en proportion, mais elle laisse encore un excédant de trente-neuf mille cinq cent quarante-trois francs qui sert à équilibrer le budget de 1813, presque exclusivement réduit aux achats du Conseil des hospices et à la persévérance des souscripteurs[*].

[*] Dans la liste des souscripteurs de cette époque (1812) on remarque plusieurs noms, qui se retrouvent en 1880-1890 dans celle des membres du Comité, tels que : Cramail, Delondre, d'Haussonville, Hottinguer, de la Rochefoucauld, de Mortemart, Nast, Péan de Saint-Gilles, Sagnier.

Aussi M. de Pastoret célèbre-t-il en ces termes lyriques la munificence de l'Empereur :

« Au milieu de tant d'éclatants hommages
« dont son trône est environné, il ne dédaignera
« pas l'humble tribut du pauvre, et quand du
« Tibre au Nil, du sommet des Cordillères au
« fond des forêts de la Dalécarlie, tout parle de
« sa gloire, nous, ne nous occupant que de ses
« bienfaits, organe des malheureux, il nous
« aima, il nous secourut, que son nom soit à
« jamais béni dans la cabane du pauvre, comme
« il est honoré et respecté dans le palais des
« rois ! »

Quel contraste avec les paroles du secrétaire Deleuze à l'Assemblée générale du 21 mai 1814, dans son rapport sur les travaux de 1813, par lequel nous terminerons ce chapitre :

« Votre assemblée a été différée par les évé-
« nements qui, après avoir menacé notre patrie
« des plus grands malheurs, ont mis fin à ceux
« qu'elle éprouvait. Le Comité que vous avez
« honoré de votre confiance, n'osait vous
« exposer ses craintes sur la dissolution de la
« Société...

« ... Dans l'époque désastreuse dont le
« retour de Louis XVIII a marqué la fin...
« le Comité, informé que des blessés et des

« conscrits, ne pouvant trouver place dans les
« hôpitaux et dans les casernes, au moment de
« leur arrivée, étaient souvent pendant plus de
« vingt-quatre heures privés de nourriture,
« leur a fait distribuer quinze cents soupes
« pendant deux mois...

« ... La Société Philanthropique n'est point
« une institution nouvelle. Elle a été fondée
« en 1780 sous la protection de Louis XVI...
« Les princes que la providence a rendus à
« nos vœux, protégeront son existence.

« ... La devise des Bourbons était valeur et
« bonté... »

Enfin le rapport ne manque pas de rappeler en note que Monsieur, « aujourd'hui, notre Roi », figurait parmi les anciens souscripteurs de la Société.

DEUXIÈME ÉPOQUE

RESTAURATION

A partir de cette seconde époque, et pour longtemps, la Société sera moins féconde en créations nouvelles. Elle aura moins d'histoire. Après avoir beaucoup fondé, elle se recueillera dans sa prudence, pour consolider et perfectionner son œuvre.

Elle subit fatalement le contre-coup des événements publics. L'Assemblée annuelle de 1814 avait été retardée par la chute de l'Empire, celle de 1815 l'était par le retour de l'île d'Elbe. Le 13 mai de cette année, un mois avant Waterloo, M. Deleuze, secrétaire, rendait compte des résultats de l'exercice de 1814. Le rapport ne parle plus « des princes que la Providence a « rendus à nos vœux », mais il ne célèbre pas davantage « cette gloire dont les échos reten- « tissaient naguère du sommet des Cordillères, « jusqu'au fond des forêts de la Dalécarlie. »

« Le commencement de 1814 a été terrible, » nous dit-il, « il est inutile d'en rappeler les « malheurs. — Nous nous flattions de jouir « longtemps de la paix, d'accroître le nombre « de nos souscripteurs... Aujourd'hui de nou- « veaux malheurs nous menacent. » En effet, l'angoisse était générale, toute l'Europe armait contre nous, et l'Empereur allait partir pour jouer sa dernière partie.

L'année avait été mauvaise pour les finances de la Société. Elle était réduite à trois cent quarante-deux souscripteurs, et elle avait dû pour équilibrer son budget retirer trente-deux mille cinquante-quatre francs qui étaient en réserve au Mont-de-Piété. Les espérances fondées sur le retour de la Monarchie légitime ne s'étaient pas encore réalisées, lorsque le coup de foudre du 20 mars était venu remettre en question l'existence même de la Société.

1815 fut plus terrible encore, la recette totale tombe à soixante mille quatre cent cinquante-six francs y compris les quinze mille francs de subvention du Ministère de l'Intérieur, qui ne firent jamais défaut, malgré les changements de gouvernements, et vingt-deux mille cinq cents francs de bons pris par les hospices ; on voit à quoi se réduisaient les ressources propres de la Société, à peine dix-sept mille francs.

C'est encore l'infatigable secrétaire Deleuze qui, sous la présidence de M. de Pastoret, rend compte de cet exercice, le 6 avril 1816. Il déplore la situation de la Société, mais on sent déjà renaître sous sa plume l'espérance de temps meilleurs. Pour la première fois depuis 1793, l'antique mention : Le Roi, Chef et Protecteur, reparaît au frontispice du compte rendu. Bien plus, le duc de Berry a accepté le titre de président de la Société et promis d'en remplir les fonctions.

Le bureau sera désormais ainsi composé : le duc de Berry, président ; MM. de Pastoret et de Montmorency, vice-présidents ; Deleuze, secrétaire ; Grandin et Lesourd, vice-secrétaires ; Delessert, trésorier.

La Société possède un exemplaire d'un curieux petit livre, édité en 1819, sans nom d'auteur, qui, bien qu'intitulé Annuaire de la Société Philanthropique, est en réalité un manuel de toutes les œuvres ou sociétés de bienfaisance, alors existantes. Le volume est orné de cinq gravures très fines. Chacune rappelle

un trait de charité de quelque membre de la famille royale. Dans la première on voit le duc de Berry présentant au roi Louis XVIII les membres du bureau de la Société Philanthropique, six personnages (ceux que nous venons de nommer) en habit de cour, et au bas, cette légende : Le Roi encourage en ces termes les travaux de la Société Philanthropique dont le bureau lui est présenté par S. A. R. le Duc de Berry, président de cette Société : « Je suis tou-
« ché des sentiments de la Société Philanthro-
« pique. Je connais, j'estime ses institutions
« et ses travaux, je l'exhorte à les continuer.
« J'accepte avec plaisir le titre de son chef et
« protecteur, qu'a porté le Roi mon frère, et je
« me trouve honoré d'avoir ce rapport de plus
« avec lui. »

Une autre gravure représente la duchesse d'Angoulême présidant le Comité de la Charité Maternelle, dix dames décolletées assises en demi-cercle, et une sœur de Saint-Vincent de Paul, debout.

Mais revenons à notre Société, et avant de résumer ses travaux pendant la Restauration, épuisons le sujet du personnel qui les a dirigés.

Nous avons vu que M. le marquis de Pastoret, pour céder le fauteuil de la présidence au duc de Berry, avait pris le titre de vice-président, il continue, en cette qualité, à s'occuper de la direction effective. Toutefois, le prince, fidèle à ses promesses, ne cesse de s'intéresser d'une manière très efficace aux progrès de l'œuvre; non seulement il lui apporte, tant en son nom qu'au nom de la duchesse de Berry, un concours financier qui ne va pas à moins de neuf mille francs par an, mais à titre d'exemple, il fait soigner un grand nombre de pauvres, au moyen de cartes de dispensaires, portant son nom.

Enfin, pendant trois ans de suite, il préside en personne l'Assemblée générale. Celle du 27 mars 1817 fut tenue à l'Hôtel de Ville, avec une solennité exceptionnelle. Après le rapport de Deleuze, rendant compte des efforts faits par la Société pour atténuer les maux causés par la disette, le prince s'exprime ainsi : « Messieurs, « la première fois que je me trouve réuni avec « vous, j'éprouve le besoin de vous exprimer « toute la satisfaction que j'éprouve. Il m'est « doux de m'associer à vos travaux... C'est « servir le Roi, que de l'aider à venir au secours « de la classe malheureuse de ses sujets. Je « rendrai compte à Sa Majesté des rapports

« satisfaisants que nous venons d'entendre, je
« ne doute pas que notre situation ne présente
« à l'avenir des résultats encore plus satisfai-
« sants, quand nos travaux seront plus connus.
« Je serai heureux de me retrouver au milieu
« de vous l'année prochaine. »

Deux ans, il fut exact au rendez-vous, le 12 mai 1818 et le 18 mai 1819. Dans cette dernière séance, où le rapporteur célébrait à la fois les résultats d'un exercice qui avait été prospère pour la Société, et les espérances d'une paternité prochaine pour son président, le prince répond en ces termes : « Vous pouvez
« toujours compter sur ma protection spéciale.
« Mais, ce que j'exprimerais faiblement, c'est
« ma reconnaissance pour les sentiments que me
« témoigne la Société et pour les vœux qu'elle
« forme à l'occasion d'un événement auquel
« j'attache mon bonheur particulier, et qui me
« cause encore plus de joie, parce que je vois
« que c'est le désir de la France. »

Moins d'un an après, le poignard d'un assassin avait privé la Société de son président. Le 16 mars 1820, elle se réunissait aux pieds des autels, pour rendre les derniers devoirs au prince, objet de ses regrets, avant de se rendre à l'Assemblée générale. « Ceux qui ont assisté

« à notre dernière assemblée, » dit le rapporteur, « ne pourront jamais oublier les paroles « touchantes que nous adressa notre auguste « président, ni l'accent de franchise et de bonté « avec lequel elles furent prononcées... »

Le fauteuil présidentiel était voilé d'un crêpe, et en procédant à la réélection du bureau, on décida que le président ne serait pas remplacé. M. le marquis de Pastoret continua à diriger les travaux de la Société, en qualité de vice-président.

Dans la même séance, M. le comte de Pastoret, fils du vice-président, lit une notice sur la vie du prince, dans laquelle il évite avec beaucoup de tact toutes ces exagérations injurieuses contre le Gouvernement précédent, qui étaient de mode, et qui auraient pu faire l'objet d'un rapprochement fâcheux avec les paroles enthousiastes prononcées quelques années auparavant par le marquis de Pastoret, son père, paroles qui devaient être encore présentes à la mémoire de plusieurs auditeurs.

Bientôt la naissance du duc de Bordeaux, puis son baptême, furent l'occasion de réjouissances en même temps que de libéralités royales, sur la répartition desquelles la Société Philanthropique fut consultée par le Gouvernement. Est-ce cette

circonstance qui suggéra au Comité cette singulière idée de solliciter pour la Société l'honneur d'avoir pour président l'Enfant Royal qui venait de naître? Toujours est-il que son grand-père, Monsieur, depuis Charles X, eut le bon sens de faire répondre par le comte de Nantouillet, premier Gentilhomme de la Chambre : « Son Altesse Royale, en s'expri-
« mant sur la Société avec toute l'estime et
« tout l'intérêt qu'elle a le droit d'attendre, a
« cependant pensé que Monseigneur le duc de
« Bordeaux était encore trop jeune, et qu'il fallait
« attendre qu'il pût du moins avoir l'idée de ce
« qu'était l'établissement qu'il est destiné à pro-
« téger et apprécier son utilité et ses nombreux
« succès. »

Le fauteuil ne resta pas moins vacant, et chaque année le rapporteur rappelait que la Société attendait que le duc de Bordeaux fût en âge de l'occuper. « Lequel de nous, dans
« l'ardeur de ses vœux, » s'écrie M. Deleuze,
« ne demanderait à vieillir pour avancer l'é-
« poque où les portes de cette enceinte s'ouvri-
« ront devant Monseigneur le duc de Bor-
« deaux ! »

L'éducation du prince venait d'être confiée au duc de Montmorency, vice-président de la

Société, ce qui était un gage de plus que ce vœu serait réalisé. Ce dévoué philanthrope, qui avait vu naître et renaître la Société, mourut en 1827, à l'église, pendant l'office du Vendredi Saint. Il avait rendu de grands services à la Société, principalement lors de sa reconstitution. On lui donna pour successeur le duc de la Rochefoucauld-Doudeauville, ministre de la Maison du Roi, qui ne tarda pas à être disgracié pour ses idées libérales.

Déjà, à l'Assemblée générale du 14 juin 1825, Benjamin Delessert avait résigné les fonctions de trésorier, qu'il remplissait depuis vingt-cinq ans. Il avait été remplacé par le baron Baron, directeur du Mont-de-Piété, membre de la Chambre des députés, auquel succéda, en 1830, M. Guiton, régent de la Banque.

Telles furent les seules mutations importantes, pendant l'époque qui nous occupe, celle de la Restauration. Nous avons parcouru attentivement tous les rapports annuels sur les travaux de la Société, par Deleuze, jusqu'à l'exercice de 1828 inclusivement, et ensuite par Éverat, imprimeur et administrateur du bureau de charité du V° arrondissement, ainsi que les rapports spéciaux sur la comptabilité, sur les dispensaires et sur les sociétés de prévoyance;

nous en analyserons rapidement les plus intéressantes observations.

La Société a concentré ses efforts sur les trois institutions déjà existantes : les fourneaux, les dispensaires, les sociétés de prévoyance ou de secours mutuels.

En ce qui concerne les fourneaux, nous voyons des résultats très inégaux, suivant le caprice des hospices et des bureaux de charité, qui, tour à tour, étendent ou restreignent leurs achats. En 1817, sous le coup d'une famine qui sévit pendant l'hiver et une partie du printemps, ils prennent de douze à quinze mille bons par mois. Plusieurs fourneaux supplémentaires sont ouverts, et la distribution totale s'élève à un million cinq cent huit mille sept cent huit soupes ou portions. Ce nombre va décroissant, jusqu'à tomber à quatre-vingt-deux mille en 1822 et 1825. Il se relève à trois cent mille en 1827 et 1828, et dépasse cinq cent mille en 1829 et 1830. La mort du prince, qui présidait aux destinés de la Société, avait été un coup fatal pour elle; de là cette décroissance signalée à partir de 1822.

La Société réduisit à cinq le nombre de ses fourneaux, et la distance à parcourir pour les trouver faisait que bien souvent les pauvres refusaient les bons qui leur étaient offerts. De plus, la Société avait pris une mesure qui lui était très onéreuse. Elle avait substitué aux bons en papier des jetons de cuivre dont la fabrication lui coûtait fort cher (jusqu'à deux mille francs la première année) et qui, n'ayant pas de durée limitée pour leur validité, avaient l'inconvénient de se trop bien conserver dans les mains soit des souscripteurs, soit des donataires, pour affluer aux guichets des fourneaux, dans des proportions imprévues, aux moments les plus rigoureux de disette ou de renchérissement des denrées. Nous ne sommes ici, bien entendu, que l'écho des plaintes des rapporteurs.

Enfin, les frais généraux des cinq établissements répartis sur quatre-vingt ou cent mille portions seulement, faisaient ressortir à onze centimes et demie et même à treize centimes (en 1828) le prix de revient des portions. C'était, malgré les dons et subventions, et avec la dépense des dispensaires, dont nous allons parler, la ruine certaine pour la Société, qui épuisait chaque année son fonds de réserve. La municipalité, comprenant enfin qu'elle avait tout intérêt à ne pas laisser périr un auxiliaire aussi précieux pour le soulagement de ses indigents, reprit, en 1829, deux cent quarante mille jetons, et pareille quantité l'hiver suivant. Bien plus, elle consentit à indemniser la Société de ses pertes en lui payant autant de fois cinq centimes qu'elle avait vendu de soupes à ce prix, qui ne représentait que la moitié de sa dépense, soit, pour l'année 1830, onze mille neuf cent trois francs d'indemnité.

Pendant le même temps, le régime des fourneaux était resté limité aux soupes et portions de haricots. Seulement on avait essayé le système du chimiste Darcet, consistant à introduire dans la préparation des soupes, pour augmenter leur valeur nutritive, la gélatine extraite des os frais ; la Société avait fait une assez grosse dépense pour achat de machines à broyer les os. Elle n'en fut pas moins obligée de renoncer bientôt à cette innovation, qui, à tort ou à raison, n'avait pas été goûtée par les consommateurs.

En résumé, l'institution des fourneaux, qui

avait paru péricliter dans les années qui suivirent la mort du duc de Berry, se trouvait, à la fin du règne de Charles X, relevée et consolidée par le concours de la municipalité.

Si les fourneaux imposaient de grands sacrifices à la Société, les dispensaires ne lui étaient pas moins onéreux ; mais du moins les progrès de cette institution sont plus accentués, et paraissent mieux appréciés.

Le nombre des dispensaires, qui était de cinq dès leur origine, est porté à six en 1817, soit un dispensaire par deux arrondissements. Ce nombre restera longtemps stationnaire. Mais celui des malades traités s'élève, par une progression rapide, de quatorze cent soixante-douze, chiffre de 1815, à trois mille sept cent trente-huit en 1822, pour rester ensuite à peu près invariable à trois mille cinq cents environ, pendant les six années suivantes, et redescendre à deux mille huit cents en 1830.

Ces résultats sont très importants, surtout si on les compare aux statistiques actuelles, qui, avec vingt-sept dispensaires, n'atteignent guère que ce même nombre de deux mille huit cents malades traités avec cartes ; mais il faut se hâter d'ajouter que les consultations gratuites, qui étaient alors peu nombreuses, dépassent maintenant quinze mille par an.

Les premiers organisateurs des dispensaires n'avaient peut-être pas compté sur un succès aussi rapide. Les rapports, tout en exprimant leur satisfaction, ne peuvent dissimuler une certaine inquiétude, en constatant que la dépense atteint des proportions imprévues et menace de créer à la Société une situation difficile. Il n'en pouvait être autrement. Chaque dispensaire avait un double service rétribué, médecine et chirurgie ; les médicaments délivrés gratuitement aux malades, étaient payés par la Société aux prix ordinaires ; ce ne fut qu'en 1825 qu'on s'avisa de traiter avec les pharmaciens pour obtenir un tarif de charité ; cette réforme se traduisit par une économie de six mille francs dès l'année suivante.

Toutefois, l'exagération de la dépense, qui ne s'éleva pas à moins de cinquante et un mille francs pour l'année 1825, avait pour cause principale la clientèle des Sociétés de secours mutuels. Ces Sociétés, en effet, s'épargnaient la charge d'une organisation médicale propre, en prenant une ou plusieurs souscriptions, suivant l'importance de leur personnel. On comprend que ces cartes permanentes entre les mains de sociétés composées de cinquante à cent ouvriers, ne se reposaient jamais, que les frais pharmaceutiques allaient grand train. D'autre part, la Société Philanthropique concédait quelques cartes gratuitement, à titre d'encouragement, à des sociétés naissantes. Enfin, elle mettait six cartes, portant le nom du duc de Berry, à la disposition de chaque médecin de dispensaire. Seuls, les souscripteurs particuliers laissaient quelques cartes inactives. Le commissaire des comptes de 1827 établit cette curieuse statistique : les cartes de la famille royale ont occasionné à la Société une dépense moyenne de quarante-trois francs quatre-vingt-dix-sept centimes; celles des particuliers, de vingt-neuf francs soixante-dix-neuf centimes, et celles des sociétés, de quatre-vingt-huit francs quarante-sept centimes. Chaque souscription de trente francs donnant droit à cent jetons de soupes d'une valeur de dix francs, la carte de dispensaire ne rapportait à la Société que vingt francs, quand elle n'était pas donnée. Or, les Sociétés de secours mutuels figuraient sur la liste de 1827 au nombre de cinquante-huit pour cent vingt-deux souscriptions !

Il nous reste à définir quelle était exactement l'action de la Société Philanthropique sur ces Sociétés de secours mutuels, qui occupent, pendant cette période de la Restauration, une très grande place dans les délibérations du Comité, ainsi que dans les comptes rendus annuels des Assemblées générales.

L'élan une fois donné, nous ne voyons plus la Société Philanthropique accorder de primes en argent aux Sociétés de secours mutuels, mais, par les soins d'une commission spéciale très active, elle encourage leur formation, elle leur fournit des modèles de statuts, elle concentre les renseignements et les statistiques, elle surveille et visite celles qui veulent bien accepter son patronage, enfin elle joue le rôle de Société-mère, ou plutôt, comme on dirait aujourd'hui, de Société d'étude, sans aucune condition de redevance ou de sujétion, car, s'il y avait cinquante-huit Sociétés abonnées, il n'y en avait pas moins de cent quatre-vingt-dix-sept inscrites au tableau que la Société Philanthropique publie chaque année, comme appendice de ses Annuaires.

On ne peut douter de l'utilité de ce patronage, en lisant les rapports de M. Deleuze.

Il les défend contre une certaine prévention de l'autorité, qui un instant avait voulu interdire les Sociétés d'ouvriers de même profession, de peur de coalition (on n'avait pas encore, à cette époque, canonisé la grève!). Il combat énergiquement leur trop grande facilité à accorder des pensions, avant d'avoir acquis un fonds de réserve suffisant pour les servir, sur des revenus certains, et non sur des cotisations éventuelles. Enfin, il propose à la Société Philanthropique (mais ce projet fut entravé par la Révolution de Juillet) de décerner des prix à celles qui auraient le plus sagement administré le patrimoine commun, et se seraient le mieux conformées aux règles que la prudence et l'expérience avaient consacrées.

Nous allons passer à une époque nouvelle. Avant de quitter celle de la Restauration, nous devons constater, avec reconnaissance, que le concours de la famille royale et celui du gouvernement ont été des plus généreux et des plus persévérants. Sur une moyenne annuelle de soixante mille francs de dons et de souscriptions, ils figurent régulièrement pour trente mille francs.

Nous terminerons ce chapitre par un petit fait, d'un intérêt secondaire. En 1828, comme au début de la Société, des protestations s'élevèrent contre son titre. On opposa la charité chrétienne à la philanthropie, l'amour de Dieu à l'amour du prochain, comme si le second pouvait exclure le premier. Le rapporteur, toujours M. Deleuze, fait justice de cette opposition en invoquant le nom du premier protecteur de la Société. « Des critiques mal« veillants ou mal instruits, dit-il, attaquent « le titre de notre Société. C'est Louis XVI « lui-même qui nous l'a donné, continuons à « le porter avec respect. » Ce n'était peut-être pas tout à fait vrai, mais c'était la légende.

TROISIÈME ÉPOQUE

LOUIS-PHILIPPE — DEUXIÈME RÉPUBLIQUE

La Révolution de 1830 était pour la Société une épreuve redoutable. Les libéralités de la famille royale allaient lui manquer; les subventions que le gouvernement de la Restauration lui allouait si généreusement, lui seraient-elles du moins conservées?

La Société n'hésita pas à solliciter la protection du nouveau roi des Français. Dès le 20 septembre 1830, le Comité était admis à son audience, et le roi s'exprimait en ces termes :

« Je ferai tout ce qui dépendra de moi pour
« étendre les bonnes œuvres de la Société
« Philanthropique... J'en apprécie d'autant
« mieux les bons effets, que j'ai été membre de
« cette Société avant la Révolution. Je me sou-
« viens que j'étais fort exact à ses séances, qui
« se tenaient alors aux Grands-Augustins. Je

« suis charmé de vous le rappeler, parce que
« ce sera un gage de plus de mon zèle et de
« mon empressement à faire prospérer votre
« Société, et à propager les bons résultats
« qu'elle répand dans la classe ouvrière et
« parmi les indigents. »

Cette réponse, comme le dit Éverat, rapporteur à l'Assemblée générale du 15 juillet 1831, était pleine d'espérances, et il ne restait plus qu'à attendre, avec respect, le moment où Sa Majesté daignerait les accomplir.

Le roi donna un premier gage de sa protection en permettant que son second fils, le duc de Nemours, acceptât le titre de Président honoraire ou Président d'honneur de la Société. C'est la première fois que le nom d'un homme encore vivant se présente sous notre plume. Le jeune prince avait alors seize ans, à peu près l'âge où son père suivait les séances qui se tenaient aux Grands-Augustins. Son nom fut inscrit en tête de la liste des membres du bureau; mais il ne remplit pas un rôle effectif, bien qu'on semble l'avoir espéré un instant. On a vu, dans le chapitre précédent, que le fauteuil du Président était resté vacant depuis la mort du duc de Berry (1820), en attendant que le duc de Bordeaux, son fils, fût en âge de l'occuper. L'un des vice-présidents, le marquis de Pastoret, remplissait les fonctions de président, sans en prendre le titre. Après 1830, le duc de la Rochefoucauld-Doudeauville, et, plus souvent, M. Molinier de Montplanqua, doyen des avocats à la Cour de Cassation, président les réunions du Comité et les Assemblées générales, toujours en qualité de vice-présidents, et, dans les élections annuelles, le titre de président est toujours réservé, jusqu'en 1843.

Dans la séance de l'Assemblée générale du 19 avril de cette année, le rapporteur fait la déclaration suivante : « Monseigneur le duc de « Nemours a voulu appartenir à la Société « Philanthropique par un lien plus étroit que « celui d'un titre honoraire, et celui de Président « titulaire, qu'il a bien voulu accepter, « nous donne l'espérance de voir nos assemblées « honorées quelquefois de la présence « d'un prince qui met au nombre de ses plus « belles prérogatives, celle de s'occuper du « sort des malheureux. »

Cette espérance ne paraît pas s'être réalisée, car, dès l'année suivante, le prince reprend le titre de Président d'honneur, qu'il conservera jusqu'à la fin du règne, et la présidence effective, qui désormais ne sera plus vacante, est attribuée, par l'élection, à M. Molinier de Montplanqua, sans qu'il soit fait, ce qui paraît singulier, aucune allusion, dans les discours et rapports du 17 mai 1844, ni aux motifs, ni même au fait de la retraite du prince.

La direction effective des travaux du Comité appartenait donc, pendant toute cette période, au duc de La Rochefoucauld-Doudeauville et à M. Molinier de Montplanqua. Le premier fut obligé, par sa santé, de donner sa démission en 1838. Le second resta sur la brèche jusqu'à sa mort, arrivée en septembre 1848. Nous avons déjà dit ce qu'était le duc de Doudeauville, esprit libéral et charitable avant tout. Il mourut en 1841, membre du Conseil des hospices, de l'Enseignement primaire et des Sourds-Muets, laissant partout où il avait dépensé son cœur et sa vie, une trace profonde et des regrets durables.

Molinier de Montplanqua offre un de ces exemples, devenus rares, d'une existence de travail, persévérante et modeste. Il avait été nommé avocat au Conseil du Roi, le 26 juin 1789, il avait été maire du XII° arrondissement sous l'Empire, et lorsqu'il mourut en 1848, il était encore avocat au Conseil d'État et à la Cour de Cassation, après un exercice de cinquante-neuf ans.

Au naturaliste Deleuze, mort en 1836, avaient succédé comme secrétaires, d'abord Valdruche, administrateur des hospices, puis Tessier, ancien notaire, qui pendant près de vingt ans assuma la tâche difficile de présenter chaque année sous une forme nouvelle des considérations sur la charité privée dont le fond ne pouvait guère varier.

Guiton, trésorier, eut pour successeurs d'abord Audenet, pour deux ans seulement, puis en 1835 Valois, ou plutôt Devalois (ainsi que le nom fut plus tard rétabli).

M. Devalois, banquier, régent de la Banque de France, remplit pendant vingt-huit ans les fonctions de trésorier de la Société. Nommé vice-président en 1836, il eut pour successeur son fils, qui lui-même resta trésorier jusqu'en 1883. Ainsi pendant un demi-siècle les Devalois mirent leur dévouement au service des finances de la Société.

Après quelques nominations illustres, mais éphémères, telles que celles d'Antoine Passy, sous-secrétaire d'État à l'Intérieur, Vivien,

Garde des Sceaux, et de Gérando, fondateur de plusieurs œuvres de bienfaisance, la Société élut pour vice-présidents, plus persévérants, le duc de la Rochefoucauld-Liancourt et le général de Montfort.

Sous le rapport financier, la Révolution de Juillet n'eut pas tout d'abord les conséquences qu'on pouvait craindre. Les subventions accoutumées furent maintenues jusqu'en 1836 au budget du Ministère de l'Intérieur. En 1837 elles subirent une réduction de cinq mille francs. En 1838, nouvelle réduction de trois mille francs. Enfin, sur les instances d'une Commission active et influente, la Société parvint en 1841 à se faire admettre, à titre permanent, comme bénéficiaire d'une part de quinze mille francs dans la répartition annuelle, confiée à la Ville de Paris, des fonds affectés aux secours publics. Cette somme, jointe aux trois mille francs que la Banque de France a toujours fidèlement versés chaque année (et qu'elle verse encore, depuis 1804 *), formait pour la Société

---

* En quatre-vingt-sept ans, c'est donc pour deux cent soixante-un mille francs que la Banque de France a contribué aux bonnes œuvres de la Société Philanthropique.

un appoint très nécessaire aux souscriptions des membres souscripteurs, dont le nombre, variant de huit cents à mille, ne représentait, à raison de trente francs, qu'une recette ordinaire de trente mille francs, alors que la dépense des fourneaux et des dispensaires était au moins du double.

La vente directe des portions alimentaires, quelques legs peu importants (sauf celui de M. Wolff, dont nous aurons à parler plus loin), enfin les arrérages de quelques rentes, déjà acquises en emploi d'excédants d'exercices, suffirent à équilibrer un budget qui variait de soixante mille à quatre-vingt mille francs par an.

Il faut mettre à part trois exercices exceptionnels : 1831 et 1832, années de chômage et de choléra, et 1847, année de disette, qui causa tant de troubles et de misère. L'Administration municipale ne manquait pas alors de recourir à la Société Philanthropique, à laquelle elle demandait d'ouvrir des fourneaux supplémentaires, et dont elle secondait d'ailleurs généreusement les efforts.

C'est ainsi que dans les deux premières années citées, la distribution des portions s'éleva à un million et douze cent mille ; la dépense, plus que couverte par les subventions et indemnités, à cent seize mille et cent trente-quatre mille francs. Dans la dernière, un million cinq cent soixante-dix mille portions sont distribuées, un grand nombre gratuitement, et la Ville de Paris alloue à la Société un subside de cinquante mille francs, en sus de sa subvention ordinaire de quinze mille francs. La dépense se monte à cent quatre-vingt-quatorze mille francs, et la recette à deux cent onze mille francs. Il est à remarquer d'ailleurs que ces années de détresse publique sont généralement, grâce à l'élan de charité qu'elles provoquent, les plus profitables pour les finances de la Société, et qu'elles leur laissent toujours des excédants de recettes, à l'aide desquels se forme successivement la réserve qui, en 1848, a déjà atteint le chiffre respectable de dix mille francs de rentes sur l'État.

Il n'y a rien à dire sur le service des fourneaux pendant cette période, si ce n'est qu'en dehors des trois années dont nous venons de parler, la moyenne des distributions oscille entre deux cent mille et quatre cent mille portions, et que le régime reste fixé à ces trois aliments, soupes, riz et haricots.

Dans les six dispensaires, le nombre des malades traités suit une marche lentement progressive de deux mille cent à trois mille cinq cents, sans qu'il y ait aucune innovation à signaler, mais il est intéressant de parcourir les comptes rendus annuels des médecins ou chirurgiens-rapporteurs. On y trouve, au milieu de redites inévitables, bien des observations bonnes à retenir, bien des vérités bonnes à répéter.

On sait qu'à cette époque chaque dispensaire avait le double service de médecine et de chirurgie. Les cartes donnaient droit même aux accouchements. Il paraît que ce dernier service était le plus fécond en plaintes et réclamations. Le médecin et le chirurgien se le renvoyaient volontiers, de l'un à l'autre, tant les exigences étaient plus grandes que dans la clientèle riche et payante.

L'observation dominante, toujours répétée et encore vraie, porte sur le plus ou moins de discernement avec lequel les cartes étaient données par les souscripteurs. Autant, en effet, elles pouvaient rendre de services à celui qui, avec les consultations et les médicaments gratuitement fournis par la Société, pouvait trouver chez lui les soins de la famille et le bien-être relatif d'un intérieur pourvu au moins du nécessaire ; autant elles convenaient peu au malheureux sans famille, et dépourvu de toute ressource ; à ce dernier, l'hôpital est plus secourable et c'est lui rendre un mauvais service que de chercher à l'y soustraire.

Dans le Règlement alors en vigueur, la même idée est très fortement exprimée, presque crûment, dans un article qui n'a pas été conservé dans les statuts plus modernes :

« Les hôpitaux recueillent et font traiter les « malades qui sont dans un état complet d'in- « digence. La Société Philanthropique vient à « l'aide de ceux qui peuvent trouver dans leurs « familles les aliments, le chauffage et les soins « que leur état exige, mais qui ne pourraient « supporter des dépenses extraordinaires qu'en « épuisant leurs ressources et en se plongeant « dans la misère. C'est à cette classe nombreuse « et si intéressante dans l'ordre social, c'est à « cette classe exclusivement, que la Société fait « donner les soins de la médecine, de la chirur- « gie et de la pharmacie. »

Enfin, les intéressants auteurs des rapports sur le service médical, que nous ne pouvons que citer très brièvement, distinguent trois classes de maladies, les chroniques, les temporaires ou accidentelles, et les imaginaires. Sans exclure les malades chroniques, ceux qu'on pourrait appeler les incurables, si le mot n'était pas trop anti-philanthropique, ils estiment que le traitement qui ne peut leur apporter qu'un soulagement passager, ne doit pas être continué au delà de trois mois, attendu que leur carte pourrait être plus utilement affectée à un malade de la seconde catégorie auquel il serait possible de rendre la santé.

Quant aux malades d'imagination, le Dr Piedagnel les appelle la plaie des dispensaires. Il reconnaît bien que le médecin intervient quelquefois utilement, et que les pilules de mie de pain ont guéri plus d'une maladie de ce genre; il cite même des cas de chirurgie : Dupuytren, appelé pour extirper une mouche sur le nez d'un malade, et un autre chirurgien, Maury, « pratiquant une boutonnière » dans le ventre d'une femme, et lui présentant ensuite une petite couleuvre qu'il a apportée, comme étant celle qu'elle croyait avoir avalée quelques années auparavant. Mais il conclut, avec autant de raison que de bonhomie, que ces cures merveilleuses doivent être réservées à la clientèle riche, et que les devoirs de la Société Philanthropique envers ses malades ne sauraient aller jusque-là.

Les Sociétés de secours mutuels ont beaucoup souffert de la Révolution, de la famine qui l'a précédée et du chômage qui l'a suivie. Nous avons dit plus haut en quoi consistait le patronage exercé sur elles par la Société Philanthropique, qui recevait chaque année, pour le faire figurer dans ses annuaires, l'état de leur situation morale et financière. Sur deux cents Sociétés environ, ainsi affiliées, soixante-dix-sept manquent à l'appel en 1831, les unes par négligence, on pourrait dire par ingratitude, les autres parce qu'elles se sont dissoutes, en liquidant leur actif. Quelques années plus tard, on les voit solliciter la faveur de renouer le lien rompu, quand la Société Philanthropique leur distribue les revenus du legs Wolff, dont nous allons parler bientôt.

Nous avons dit à la fin du chapitre précédent que la Société avait formé le projet, interrompu par la Révolution, d'offrir des récompenses aux Sociétés les mieux organisées. L'idée fut reprise en 1835. Deux prix, l'un de deux mille francs, l'autre de mille francs, furent institués au profit des auteurs du meilleur Traité sur les bases et conditions des Sociétés de secours mutuels. Six mémoires seulement furent produits. Sur le rapport de Chaudé, au nom d'une commission de sept membres, dont quatre appartenaient à l'Institut, aucun mémoire ne fut jugé digne d'un prix; il fut accordé seulement deux encouragements, l'un de trois cents francs, l'autre de deux cents francs. L'épreuve, renouvelée trois fois, ne donna jamais de résultat satisfaisant.

Sous les régimes précédents, plusieurs membres avaient légué quelques sommes minimes à la Société. La délivrance de ces legs n'avait souffert aucune difficulté, bien que la Société, non reconnue, ne fût pas légalement autorisée à les recueillir. Pour la plupart, les héritiers s'étaient contentés d'en remettre le montant au trésorier sur sa simple quittance. Pour d'autres, et notamment pour des legs de rentes, les Hospices les avaient acceptés au nom des pauvres, et, tout en conservant les titres, en remettaient les arrérages à la Société. C'est ainsi qu'encore aujourd'hui, la Société reçoit, par l'intermédiaire de l'Assistance publique, les revenus des legs de Mme la comtesse Jollivet, et de Mmes Blanchet et Hocquet, remontant à l'année 1837.

Toutefois la Société se préoccupait de cette situation et, dès l'année 1834, elle avait songé à acquérir le titre légal auquel elle avait tant de droits. Mais il faut croire que les autorités compétentes n'étaient alors ni plus actives ni plus empressées qu'elles ne le sont aujourd'hui, car malgré tous les services rendus par la Société, malgré la protection royale inscrite en tête de ses statuts, ce ne fut que le 27 septembre 1839, et grâce à l'appui du Garde des Sceaux Vivien, qui était alors son vice-président, qu'une ordonnance royale, contresignée par Duchatel, ministre de l'Intérieur, reconnut enfin la Société Philanthropique comme Établissement d'utilité publique, lui conférant, par le fait de cette reconnaissance, la faculté de recevoir des donations et des legs, sauf autorisation.

Ce retard fâcheux, quelle qu'en soit la cause, mollesse du Comité, ou lenteur de l'administration, coûta trois mille francs de rentes à la Société, ou plutôt à ses protégés. En effet, le 24 mars 1838, M. Pierre Wolff mourait à Paris, léguant à la Société Philanthropique, dont il était membre, six mille francs de rentes sur l'État cinq pour cent, dont les arrérages *seraient employés en œuvres de bienfaisance* (ainsi s'exprimo le testament déposé à M° Clairet, notaire, le 26 mars 1838), et il chargea M. Valois, son ami, de l'exécution de ses volontés. La Société n'étant pas encore reconnue, le legs fut accepté provisoirement par l'Administration des hospices.

Dix-huit mois après ce décès, intervenait l'ordonnance qui reconnaissait la Société. Elle sollicitait alors l'autorisation d'accepter le legs Wolff. Mais l'héritier, fils adoptif de M. Wolff, attaqua la disposition par deux motifs, l'un de forme, l'autre de fond : 1° le codicille qui contenait le legs était écrit au crayon, en suite d'un testament écrit à l'encre ; 2° la Société n'avait pas capacité pour recevoir un legs, à l'époque de l'ouverture de la succession.

L'issue d'un procès engagé dans ces conditions eût été bien douteuse. Tel fut l'avis de la commission chargée d'examiner la proposition de transaction par moitié, faite par l'héritier. Cette commission qui était composée avec M. Valois, trésorier, et exécuteur testamentaire, de plusieurs jurisconsultes, membres du bureau, tels que Molinier de Montplanqua, avocat à la Cour de Cassation, Champion et Tessier, anciens notaires, conclut à l'unanimité en faveur de l'acceptation de la transaction proposée, et le Comité adopta ces conclusions, le 17 novembre 1840, heureux de recueillir trois mille francs de rentes, à défaut des six mille, qui ne lui eussent probablement pas été contestés, si la Société avait été reconnue deux ans plus tôt.

Le Comité décida que les arrérages de cette rente serviraient à distribuer, chaque année en Assemblée générale, trente livrets de la Caisse d'épargne de cent francs, à des ouvriers qui lui seraient désignés par les Sociétés de secours mutuels, « chez qui l'on voudrait récompenser « les habitudes d'ordre et d'économie. »

La première distribution eut lieu le 19 avril 1843. Dès la seconde, on s'aperçut d'un abus, qui était presque une fraude. Les Sociétés qui n'avaient pas de sujet à présenter, désignaient un membre quelconque, qui touchait la prime comme mandataire, pour la verser dans la caisse sociale. Ce n'était pas ainsi que l'exécuteur testamentaire et le Comité avaient interprété les intentions du bienfaiteur. La Société décida alors que les autorités municipales seraient invitées à présenter des candidats, concurremment avec les Sociétés de secours mutuels, et qu'une commission spéciale serait chargée de faire des enquêtes sur les candidats, parmi lesquels le Comité choisirait les élus. Les primes furent graduées de cinq cents francs à cent francs, suivant le mérite de chacun, en vue principalement de fournir à des ouvriers de bonne conduite les moyens de se créer un petit établissement.

Telle est, encore aujourd'hui, la règle suivie pour les primes d'encouragement que la Société distribue chaque année, avec les fonds provenant du legs Wolff, augmentés de nouvelles libéralités, que nous allons énumérer, en anticipant sur l'ordre chronologique, afin de ne pas séparer les origines d'une fondation devenue l'une des plus intéressantes de la Société.

La somme à distribuer chaque année s'élève actuellement à quatre mille neuf cent cinquante-trois francs, qui se composent :

Du legs Wolff, originairement de trois mille francs de rentes, réduites à deux mille sept cents par la conversion du cinq pour cent en quatre et demi pour cent.

De mille francs provenant du don manuel fait en 1868, par M. François Nast, père du vice-président actuel de la Société, de trente-deux actions de jouissance de la Compagnie du chemin de fer d'Orléans, d'un revenu de treize cent douze francs, sur lesquels trois cent douze francs sont capitalisés en rentes sur l'État, d'après le désir du donateur.

D'un legs de cinq cents francs de rentes fait en 1875 par M. Goffin, ancien secrétaire de la Société.

D'une autre rente de cinq cents francs reçue en 1883 de M. Mathieu Laffitte, par les mains de sa veuve.

Enfin de deux cent cinquante-trois francs de rentes, emploi de huit mille francs donnés en 1890 par M. Bernstein, au nom de son père, ancien membre souscripteur.

La Société Philanthropique, dans la répartition de ce fonds, s'attache surtout à favoriser l'établissement d'ouvriers, ou de ménages d'ouvriers encore jeunes, qui paraissent présenter les garanties de moralité et d'intelligence les plus sérieuses. Elle distribue aussi à de jeunes ouvrières des machines à coudre, qui leur permettent de travailler chez elles, sans s'exposer aux dangers du travail extérieur.

Chaque prime n'est accordée qu'après une enquête minutieuse, dont il est rendu compte en Assemblée générale, et une seconde enquête doit, une année après la délivrance de la prime, en faire connaître les résultats, quelquefois avortés, plus souvent heureux. On voit avec quelle sollicitude, encourageante pour les donateurs, la Société dispense les bienfaits dont la répartition lui est confiée.

Tel est, en résumé, le bilan de cette période de dix-huit ans, la plus paisible du siècle : continuation des fourneaux et dispensaires, sans différence appréciable entre les résultats obtenus et ceux des régimes précédents; entretien des relations avec les Sociétés de prévoyance, avec tendance au relâchement des liens anciens; enfin création d'une œuvre nouvelle, qui devait prospérer, celle des primes d'encouragement aux ouvriers, au moyen du legs Wolff.

Le 28 avril 1848, la Société, malgré les préoccupations du jour et les incertitudes du lendemain, tenait son Assemblée générale. Depuis 1833 jusqu'en 1847, M. Molinier de Montplanqua n'avait jamais cessé de présider les assemblées annuelles. Cette fois, c'est M. le duc de la Rochefoucauld-Liancourt qui occupe le fauteuil en l'absence du président, déjà atteint de la maladie qui devait l'emporter quelques mois plus tard. M. Tessier, secrétaire, sans aucune allusion politique, rend compte des grands services rendus par la Société pendant cette cruelle année 1847 qui avait été si dure à la population indigente de Paris. Nous avons dit plus haut le chiffre des portions distribuées, un million cinq cent soixante-dix mille, près de dix mille par jour, grâce au concours de la municipalité. Il rend un pieux hommage à la mémoire de Delessert, l'ancien trésorier de la Société, qui vient de lui laisser en mourant un legs de douze mille francs.

Le seul signe du temps de crise qu'on traverse est l'ajournement à l'année suivante de la distribution des primes Wolff, attendu que les maires, absorbés par d'autres soins, n'ont pas désigné de candidats. Les trois mille francs ont été reportés, et permettront de distribuer quatre mille cinq cents francs en 1849 et pareille somme en 1850.

D'ailleurs aucune défection ne s'est produite, chacun est resté à son poste. Fourneaux et dispensaires ont continué à fonctionner avec la même régularité pendant les cinq années de République qui se sont écoulées de février 1848 à décembre 1852, et la Ville de Paris, après avoir réduit sa subvention à dix mille francs en 1848, l'a rétablie au chiffre de quinze mille francs les années suivantes.

Aux élections de 1849, le duc de la Rochefoucauld est nommé président, en remplacement de Molinier de Montplanqua décédé. Il continuera à remplir ces fonctions avec un dévouement dont la Société a conservé un souvenir reconnaissant, jusqu'à sa mort, arrivée en décembre 1874, c'est-à-dire pendant vingt-cinq ans. M. Sylvain Caubert est élu vice-président avec le général de Montfort. Tessier et Devalois restent secrétaire et trésorier.

Cependant, les trois dernières années, de 1850 à 1852, accusent des diminutions sensibles dans les recettes, dans le nombre des portions distribuées par les fourneaux, enfin dans le nombre des malades traités par les dispensaires. Ces diminutions sont dues à plusieurs causes. Les récoltes ont été abondantes, les denrées alimentaires ont été à bas prix, et la population laborieuse a eu moins à recourir aux fourneaux de la Société. Les pouvoirs publics ont multiplié les secours et les salaires. La moyenne des portions est au-dessous de deux cent mille, chiffre auquel elle n'était pas descendue depuis 1835.

La statistique des dispensaires présente un

résultat bien inattendu. En 1849, année où le choléra exerça de grands ravages dans la population parisienne, le nombre des malades traités dans les six dispensaires est inférieur de sept cent quarante à celui de 1847 et de trois cent cinquante à celui de 1848. Les médecins, pour expliquer cette anomalie, affirment qu'il a été observé qu'en temps d'épidémie grave, les maladies ordinaires diminuaient. Si les malades qui forment la clientèle habituelle des dispensaires sont plus rares en temps d'épidémie, faut-il en conclure qu'ils échappent aux maladies ordinaires? Ne serait-ce pas plutôt, n'en déplaise à la science, qu'ils ont été les premiers frappés par le fléau?

Quoi qu'il en soit, ce chapitre finit tristement sur des diminutions qui s'étendent jusqu'au nombre des souscriptions, aussi bien de celles des particuliers que de celles des Sociétés de secours mutuels. A l'égard de ces dernières, il faut signaler d'importantes innovations dans la législation, qui vont achever de les détacher de la tutelle officieuse de la Société Philanthropique.

C'est d'abord la loi du 15 juillet 1850, dont les principales dispositions sont celles-ci : elles pourront, sur leur demande, être reconnues

Établissements d'utilité publique, elle ne pourront promettre aucune pension de retraite, elles sont placées sous la protection et la surveillance de l'autorité municipale ; le maire a le droit d'assister aux séances et dans ce cas il les préside ; leurs fonds doivent être déposés à la Caisse des Consignations : enfin, les Sociétés, *même libres,* peuvent être dissoutes par le gouvernement.

Un règlement d'administration publique du 14 juin 1851 les oblige à communiquer leurs livres et registres à l'administration.

Dans ces conditions nouvelles les Sociétés n'avaient plus que faire du patronage de la Société Philanthropique et celle-ci n'avait plus les mêmes raisons de s'y intéresser. La plupart organisèrent leur service médical indépendant, et d'année en année la Société Philanthropique voit diminuer le nombre de celles qui souscrivent encore des cartes de dispensaires. Nous n'aurons donc plus à parler des Sociétés de secours mutuels dans les chapitres suivants. Avant de quitter ce sujet, disons en deux mots quel a été leur sort sous l'Empire et après l'Empire.

Le décret du 26 mars 1852 les rend obligatoires dans chaque commune, avec faculté toutefois de créer une seule Société pour deux ou plusieurs communes voisines d'une population inférieure à mille habitants. Les pensions de retraite sont permises s'il y a un nombre suffisant de membres honoraires (c'est-à-dire payants et non participants). Enfin, *le président est nommé par le chef de l'État.* En revanche, il leur est accordé quelques immunités de taxes de convois, de timbre et d'enregistrement, et ses diplômes d'associés peuvent servir de passeports.

Ce décret a souvent fait attribuer à l'Empereur, alors Prince-Président, le mérite d'avoir fondé en France les Sociétés de secours mutuels. Quand on parcourt les Annuaires de la Société Philanthropique du premier quart du siècle, qui constatent l'affiliation de plus de deux cents sociétés dans Paris, on voit que cet honneur appartient plutôt à la Société Philanthropique, et que le Prince n'a fait que les exproprier pour cause d'utilité politique.

Il va sans dire qu'au lendemain de la chute de l'Empire, les Sociétés réclament leur affranchissement, qui leur est rendu par le décret du 22 septembre 1870, en ces termes : « Les « membres des Sociétés de secours mutuels « élisent leurs présidents, dans la forme que « régleront leurs statuts. »

QUATRIÈME ÉPOQUE

EMPIRE

L'Empire, quelque opinion qu'on en ait d'ailleurs, a été incontestablement un temps de grande prospérité matérielle. Paris en particulier, puisque nous nous occupons d'une institution exclusivement parisienne, a vu s'élever de nombreuses fortunes, et il serait injuste de dire que la charité ait été oubliée dans le grand mouvement d'argent créé par la spéculation et le plaisir. Pourquoi donc la Société Philanthropique a-t-elle langui à cette époque, sans prendre part à l'expansion générale, mais, au contraire, s'amoindrissant d'année en année, comme si elle était condamnée à mourir de vieillesse? Grâce à Dieu, ce n'est qu'une phase de son histoire, une preuve de plus de sa vitalité et de sa persévérance, et il ne saurait en coûter de faire l'aveu et de rechercher les causes de cette anémie temporaire, aujourd'hui que la Société a repris une vigueur nouvelle qui la place au premier rang des Œuvres de l'Assistance privée.

Pendant ces dix-huit ans, aucun changement notable ne se produit dans le personnel dirigeant. Le duc de la Rochefoucauld est réélu chaque année président, et M. Goffin, secrétaire, est chargé invariablement des comptes rendus aux Assemblées générales, après que M. Tessier est passé du secrétariat à la vice-présidence, en remplacement du général de Montfort décédé. La Société ne cherche pas ou ne réussit pas à s'infuser un sang nouveau. Parmi les souscripteurs, dont le nombre subit une réduction constante de vingt à vingt-cinq par an, en sorte qu'il tombe de huit cent soixante-cinq (1852) à quatre cent trente-deux (1870), il est très remarquable qu'on ne trouve aucun ou presque aucun nom appartenant soit au monde officiel*, soit aux Sociétés ou personnalités nouvelles, enrichies par la finance ou l'industrie. Aucun encouragement de la part des Souverains, ni du Ministère. La Ville, seule, continue son subside annuel, mais elle

---

* Nous avons eu la curiosité de pointer la liste d'une année, celle de 1865; nous n'y avons trouvé dans cette catégorie que le nom du maréchal Vaillant.

le réduit successivement de dix mille à neuf mille francs, puis sept mille, six mille cinq cents, et enfin cinq mille cinq cents en 1867.

La bienfaisance privée n'était cependant pas inactive. Loin de là, elle créait, fondait et inaugurait une quantité d'Œuvres et de Sociétés nouvelles. Les unes ont fait et font encore beaucoup de bien; les autres, après avoir absorbé, en frais d'installation et de bureau, beaucoup d'argent donné pour les pauvres, ont vécu ce que vivent les gouvernements en France, l'espace de quelques années. Ne soyons pas trop sévères pour ceux qui ont cru bien faire et se sont trompés, en voulant faire grand et neuf, plutôt qu'en soutenant la vieille Société qui s'en tenait à ses fourneaux, à ses dispensaires et à ses primes d'encouragement. Soyons même indulgents pour ceux ou celles qui ne sont pas insensibles au plaisir de voir leurs noms briller en bonne compagnie, en tête d'un Comité d'administration ou d'un programme de fête au profit des pauvres. Maxime du Camp a dit avec raison : « Il y a des gens qui ne « donnent que lorsqu'on les regarde; eh bien, « il faut les regarder. »

Quoi qu'il en soit, ce besoin de créer des petites œuvres indépendantes, né sous l'Empire, n'a fait que s'accroître, malgré de nombreux insuccès. Il n'a pas seulement l'inconvénient de diminuer les forces en les divisant, il crée des concurrences et des rivalités qui découragent et éloignent beaucoup de bonnes volontés.

Les rapports de la Société reviennent souvent sur ce sujet, toujours avec une grande modération de langage, M. Goffin s'exprime ainsi le 10 février 1856 : « Nos fourneaux venaient à « peine de s'ouvrir, lorsqu'à la fin de décembre « de nouveaux fourneaux fondés par l'Empe- « reur et l'Impératrice sont venus s'ouvrir « auprès d'eux, distribuant, comme nous, du « riz, des haricots, et de plus, du bouillon et « du bœuf cuit; nous sommes loin de nous en « plaindre, il y a place pour tous au soleil de « la charité, et nous bénissons la pensée géné- « reuse qui a inspiré un nouveau moyen de « soulagement pour la classe indigente ; mais « nous avons éprouvé un mouvement de *conso-* « *lante* satisfaction, en voyant que le pauvre « n'avait pas oublié le chemin de nos four- « neaux. »

Napoléon Ier, Louis XVIII, le duc de Berry, le duc de Nemours, n'étaient-ils pas mieux inspirés quand ils alimentaient de leurs dons les fourneaux de la Société créatrice, plutôt que de leur faire concurrence dans un but de popularité qui n'était pas toujours atteint! Les fourneaux de la Société ont survécu, et il y a longtemps que ceux de l'Empereur et de l'Impératrice ont éteint leurs feux.

Entre Sociétés de bienfaisance, il ne devrait jamais y avoir de concurrence, dans le mauvais sens du mot. La Société de Saint-Vincent de Paul et la Société Philanthropique donnent, à cet égard, un bel exemple d'entente au profit des pauvres. Chacune d'elles a ses fourneaux, à peu près aussi nombreux. Les bons des deux Sociétés sont reçus indifféremment dans les fourneaux de l'une et de l'autre. L'échange des bons se fait périodiquement et la soulte se paie à bureau ouvert.

Cependant, la Société ne voulut pas désarmer devant ses augustes concurrents, mais elle vit bientôt sa moyenne de distributions baisser de six cent mille portions environ, chiffre auquel elle s'était relevée de 1853 à 1856, jusqu'à deux cent mille environ à partir de 1857. La plus faible année (1863) ne donna que cent cinquante et un mille portions. Il ne faut pas oublier qu'une forte proportion dans ces totaux, souvent moitié, s'appliquait aux portions vendues à cinq centimes, et coûtant à la Société de huit à dix centimes, différence dont la Ville avait consenti autrefois à indemniser la Société, mais qui depuis longtemps restait à sa charge.

On remarque la même diminution progressive dans les dispensaires, mais ici les causes sont différentes. Les rapports du secrétaire et des médecins signalent, comme une des principales, le déplacement qui s'était opéré dans la population laborieuse et indigente, par suite des grands travaux de Paris. Des quartiers pauvres et malsains disparaissaient chaque jour (et ceux qui ont vécu dans ce temps se souviennent avec quelle rapidité vertigineuse), pour faire place à de larges voies bordées de maisons dont le loyer n'était plus abordable pour les ouvriers. De là, une émigration en masse des clients habituels des dispensaires vers les communes suburbaines, non encore annexées.

Lorsque en 1860 Paris recula ses limites jusqu'aux fortifications, ces émigrés redevinrent

Parisiens, mais sans être moins éloignés des six dispensaires dont la situation n'avait pas changé. La Société avait à cœur de ne pas laisser cette intéressante population en dehors de son action bienfaisante. L'état de ses finances ne lui permettait pas de songer à créer de nouveaux dispensaires, quand à la fois elle voyait ses ressources diminuer, et ses charges augmenter par la cherté des loyers. Elle fit ce qu'elle avait déjà fait pour faciliter le service des accouchements, elle s'adjoignit des médecins auxiliaires dans les arrondissements nouveaux, sans frais d'agence ni de loyer.

C'est ainsi qu'elle put maintenir, pendant plusieurs années, entre dix-sept cents et dix-huit cents le nombre des malades traités avec cartes. Mais à partir de 1865, on voit décroître ce nombre, d'année en année, à quinze cent cinquante-trois, quatorze cent un, treize cent quarante-cinq, douze cent trente-six, et enfin onze cent quatre-vingts en 1869, soit une diminution presque régulière de cent cartes par an, que les rapports ne cherchent pas à expliquer et à laquelle on semble s'être résigné.

Nous ne pouvons charger cette étude de plus de chiffres. D'ailleurs nous donnerons en appendice les tableaux que la Société publie chaque année dans ses comptes rendus. Pour terminer l'histoire de cette période, il nous reste à signaler comme événements publics : la conversion du cinq pour cent en quatre et demi, qui coûta à la Société mille francs de rentes, dont trois cents au préjudice des primes Wolff ; l'annexion de 1860, dont nous venons de parler à l'occasion des dispensaires ; — et comme faits particuliers à la Société : en 1855 l'élévation du chiffre de la souscription, porté à quarante francs au lieu de trente ; le vote d'une indemnité spéciale de dix-huit cents francs pour assurer un service permanent de médecins auxiliaires pour les accouchements, dont le nombre varie de quarante à soixante par an ; enfin quelques morts, plus particulièrement sensibles à la Société : celle du général de Montfort en 1854, du marquis de Pastoret en 1857, de Sylvain Caubert, vice-président, en 1863, de Tessier, ancien secrétaire et vice-président, membre du Comité pendant quarante ans, enfin en 1868, celle de Lebon, agent général de la Société depuis trente ans.

La Société Philanthropique a toujours été heureuse dans le choix de ses Agents Généraux. A M. Lebon succéda le Dʳ Payen, chirurgien honoraire des dispensaires, qui avait bien voulu déjà, depuis sa retraite, se charger de la direction du sixième dispensaire. M. Payen, attaché à la Société depuis sa jeunesse, en avait été l'historien. C'est à sa précieuse notice que la Société doit d'avoir conservé le souvenir de ses origines et de ses premiers succès. La Société le perdit en 1860. Mlles Payen, ses filles, qui étaient ses collaboratrices, continuèrent la direction de l'agence générale au milieu des difficultés et des dangers du Siège et de la Commune, méritèrent que le Comité leur votât une médaille, et se retirèrent pour cause de santé, en 1872, époque à laquelle elles furent remplacées par M. Laporte, qui est encore aujourd'hui l'Agent Général de la Société.

M. Lebon, le Dr Payen, Mlles Payen, ont apporté dans leurs délicates fonctions autant d'intelligence que de dévouement. Heureux d'être associés pour le bien à tant d'hommes distingués qui se sont succédé dans le Comité, ils ont compris qu'à côté de leurs devoirs administratifs, ils avaient à remplir une mission de charité. Ils ont eu, en un mot qui résume tout, l'amour de la Maison Philanthropique. M. Laporte, et sa digne compagne, associée à ses travaux, ont trouvé ces traditions et les ont pieusement conservées; ce que nous avons dit de leurs prédécesseurs, nous n'hésiterions pas à le dire d'eux, tout aussi justement... si nous ne nous étions promis de ne pas louer les vivants ; ce qui d'ailleurs sera difficile en abordant les faits contemporains.

CINQUIÈME ÉPOQUE

1870 — 1890

Au mois de mai 1870, le Comité avait pris ses vacances d'usage, en s'ajournant au second vendredi de novembre. Le bureau était alors composé de : M. le duc de la Rochefoucauld, président; MM. Devalois père et Legentil, vice-présidents, ce dernier en remplacement de M. Tessier; Goffin, secrétaire; Cauchy et Tiberghien, vice-secrétaires; Ed. Devalois, trésorier. Les huit fourneaux de la Société avaient, comme chaque année, fermé le 30 avril. L'agence générale était restée, depuis la mort de M. Payen, confiée à ses deux filles. L'exercice de 1869 avait été clos sur une aliénation de cinq cents francs de rentes, nécessaire pour équilibrer le budget. On s'était séparé en se promettant de redoubler d'efforts pour augmenter les ressources de la Société et réparer ses pertes.

Le dernier mot avait été : « Travaillons avec « persévérance et sans découragement. »

Telle était la situation de la Société au moment où éclata la guerre, de sinistre mémoire. La plupart des membres du Bureau et du Comité étaient absents. Dès le mois d'août, Paris étant déjà en état de siège et menacé d'un investissement prochain et inévitable, MM. Devalois père et Cauchy songèrent à ouvrir les fourneaux de la Société. Ils s'adressèrent à la commission municipale, rappelant les services rendus par la Société dans les circonstances presque analogues de 1814 et 1815, et lui offrant de distribuer au prix habituel de cinq centimes ses portions alimentaires dont elle évaluait le prix de revient probable à dix ou quinze centimes (et elle allait être bientôt loin de compte), à la seule condition que la Ville l'aidât, comme jadis, d'une indemnité fixe de cinq centimes par portion. — La réponse n'arrivait pas. — Par contre, l'Assistance publique demandait à la Société de mettre ses fourneaux à sa disposition, se chargeant de l'approvisionnement et de toute la dépense.

M. Devalois convoqua extraordinairement le Comité. Le 29 août 1870, onze membres se trouvèrent réunis, et à l'unanimité décidèrent de ne pas accepter l'offre de l'Assistance publique, qui serait l'annihilation et l'abdication de la Société, et d'ouvrir immédiatement tous ses fourneaux, dût-elle y épuiser ses dernières ressources.

Le 5 septembre les huit fourneaux fonctionnèrent et le nouveau Conseil municipal s'empressa de voter un subside extraordinaire de six mille francs, qui ne fut pas renouvelé. Les fourneaux n'en continuèrent pas moins à rester ouverts jusqu'à la fin du siège. Comment s'opéra ce miracle? D'abord, au moyen de larges approvisionnements de riz et de haricots, qui suffirent jusqu'au mois de novembre, puis à l'aide de quelques subsides de lard et de coke obtenus du Maire du VIII° arrondissement, le seul qui ait répondu aux demandes réitérées que le bureau ne cessait d'adresser à toutes les administrations; enfin par l'emploi de l'osséine, qui permit jusqu'aux derniers jours de distribuer aux malheureux une soupe nutritive, sinon bien succulente; mais combien de tables bourgeoises n'avaient pas alors un menu plus substantiel!

Grâce à ces habiles mesures, à la sollicitude incessante de quelques membres du Comité, au dévouement de Mlles Payen, investies de l'agence générale, et des Religieuses chargées du service des fourneaux, la Société, au prix d'une dépense de dix mille francs par mois, parvint à distribuer soixante treize mille sept cent vingt-huit portions en septembre, cent quatre-vingt-huit mille huit cent quatre-vingt-dix-huit en octobre, cent six mille dix-huit en novembre, cent cinquante-six mille neuf cent vingt et une en décembre, cent seize mille trois cent cinquante-cinq en janvier 1871, et soixante et onze mille deux cent vingt-deux en février !

N'est-ce pas la plus belle page de cette longue histoire ?

Le 10 mars 1871, le Comité se trouvait de nouveau réuni. M. Devalois père avait donné sa démission au mois d'octobre pour raison d'âge et de santé, et M. Eug. Cauchy lui avait succédé comme vice-président, juste hommage rendu par ses collègues au dévouement qu'il avait montré pendant le siège. M. Ed. Devalois reprenait ses fonctions de trésorier, qu'à son grand regret il n'avait pu remplir, ayant été surpris par l'investissement, au moment où il conduisait hors Paris son beau-père mourant. M. Georges Husson l'avait suppléé. La Société espérait enfin avoir retrouvé des jours meilleurs. On sait ce qui advint. Huit jours après, Paris tombait aux mains de la Commune et restait deux longs mois sous le joug de ces nouveaux vainqueurs. Pendant que tous les services publics sont envahis ou suspendus, la Société continue courageusement son œuvre, les fourneaux distribuent cinquante-neuf mille quatre cent trente-neuf portions en mars et trente mille trois cent quarante-six en avril. L'agence générale fonctionne et les procès-verbaux constatent deux réunions du Comité, le 14 avril et le 12 mai. Ces souvenirs sont trop honorables pour être omis.

Aussitôt l'ordre rétabli, le duc de la Rochefoucauld, alors âgé de soixante-quinze ans, éloigné de Paris depuis plus d'un an et pensant y séjourner de moins en moins, faisait parvenir sa démission. Le Comité, réuni le 9 juin, la refusa à l'unanimité, décida qu'il n'y aurait cette année ni Assemblée générale, ni distribution des primes Wolff, et s'ajourna au mois de novembre suivant.

A la reprise des séances, on s'occupa activement, d'abord de faire un appel pressant aux souscripteurs en retard, puis d'en recruter de nouveaux. Dans une réunion tenue au chevet de Goffin, déjà très malade, le duc de la Rochefoucauld, présent, consentit à retirer sa démission.

Deux pertes cruelles éprouvèrent la Société au commencement de 1872. M. Devalois père mourut en mars, après quarante ans de services éminents, comme trésorier, puis comme vice-président de la Société. M. Goffin le suivit de près. Il était âgé de quatre-vingt-quatre ans, lorsqu'il fut enlevé à la vénération de ses collègues. La Société des Amis de l'Enfance, qu'il présidait, et la Société Philanthropique, dont il était le secrétaire depuis quinze ans, avaient eu une part considérable dans cette longue vie entièrement consacrée au soulagement des pauvres. M. Bercand, vice-secrétaire, lui succéda, et eut lui-même pour successeur M. Paul Delondre, dans les fonctions de vice-secrétaire qu'il remplit encore aujourd'hui.

Comme nous l'avons dit déjà, Goffin laissait cinq cents francs de rentes à ajouter aux primes d'encouragement, dont il avait été souvent l'éloquent rapporteur.

Le Comité décida de suspendre encore pendant l'année 1872 l'Assemblée générale et la distribution des primes. Il y avait d'ailleurs, en ce qui concerne les primes, une bonne raison. La Société n'avait pu toucher les arrérages de la rente Wolff, dont le titre avait péri dans l'incendie de la Caisse des Consignations, et il fallait le reconstituer. Puis, comme le testament ne faisait pas une obligation de cette répartition, et qu'il y avait bien des vides à combler dans les finances de la Société, il fut admis que les arrérages non distribués pendant ces deux années, entreraient dans les recettes générales.

Il ne fut pas non plus publié d'annuaire, mais une remarquable notice de M. Eugène Cauchy en tint lieu et fut répandue à un grand nombre d'exemplaires. « Serrons nos rangs, » disait-elle en finissant, « comblons nos vides, « conservons avec respect une organisation qui « remonte à plus de quatre-vingt-douze ans « en arrière, avec non seulement l'espoir, mais « l'assurance que si telle ou telle crise peut di- « minuer passagèrement nos recettes, nous « retrouverons bientôt dans un temps plus « calme les moyens d'augmenter nos res- « sources, et avec elles le bien qu'il nous sera « permis d'opérer encore. »

L'avenir devait justifier ces espérances qui ne pouvaient être mieux placées que dans la bouche du dévoué vice-président qui avait porté tout le poids des responsabilités du siège. Il était le digne interprète de la Société qui n'avait jamais voulu désespérer, ni abdiquer, pas plus en 1814 qu'en 1830 ou en 1848, et qui était toujours restée fidèle à sa mission au milieu des convulsions réitérées de ce siècle si agité.

Il nous reste à retracer l'histoire d'un petit nombre d'années, mais si nous avons pu passer rapidement sur les années maigres de la période impériale, nous aurons à nous étendre davantage sur celles qui vont suivre, et qui sont, en attendant l'avenir, auquel nous souhaitons mieux encore, l'apogée des destinées de la Société.

Le 14 septembre 1873, se renouait la chaîne des Assemblées générales. Le duc de la Rochefoucauld présidait, et M. Bercand, secrétaire, présentait le compte rendu des années écoulées. La Société comptait ses morts, c'est-à-dire ses réserves diminuées, ses fourneaux réduits à cent trente-huit mille portions, ses dispensaires à huit cents malades, sa liste à trois cent soixante et onze souscripteurs, son budget à cinquante et un mille francs. Tous ces chiffres sont ceux de 1872.

Une certaine amélioration s'était déjà produite en 1873, lorsque, l'année suivante, Mme la Maréchale de Mac-Mahon offrit son généreux concours à la Société, au lieu de lui faire concurrence, subventionna, à raison de quinze cents francs pour chacun, l'établissement de fourneaux nouveaux, et émit un million de bons par les soins d'un comité qu'elle dirigeait. Grâce à cette alliance, le nombre des portions distribuées se monta à onze cent quatre-vingt-neuf mille en 1874, et à huit cent quarante-huit mille l'année suivante.

Au moment où la Société se félicitait de ces symptômes de renaissance, que confirmait une augmentation proportionnelle dans le service des dispensaires, un deuil cruel vint la frapper. Le duc de la Rochefoucauld, son vénéré président depuis vingt-cinq ans, lui fut enlevé en décembre 1874.

Il était né à La Haye en 1794. Il avait servi avec distinction, et fait la campagne d'Espagne, comme aide de camp du duc d'Angoulême. La Révolution de 1830 arrêta sa carrière militaire, et dès lors il se voua aux œuvres charitables. Il prit une grande part aux travaux du Conseil général des hospices, et entra en 1843 dans le Comité de la Société Philanthropique, dont il devint le président en 1847.

Ses obsèques eurent lieu à Liancourt où se transportèrent plusieurs membres du Bureau et du Comité, et M. Bercand fut l'interprète des sentiments de regret et de reconnaissance de la Société.

Dans la séance du 12 mars 1875, l'Assemblée générale, présidée par M. Legentil, en présence du fauteuil voilé de crêpe, nomma président M. le comte de Mortemart, ancien député et ancien membre du Conseil des hospices, et créa une troisième place de vice-président pour M. de la Rochefoucauld, duc de la Roche-Guyon, second fils du dernier président.

Nous entrons, avec la présidence de M. le comte, depuis marquis de Mortemart, dans une phase d'activité, sans précédents dans les annales de la Société. Les réformes et les créations vont se succéder sans interruption, grâce à des libéralités importantes, grâce aussi, pour la plupart, à l'initiative et à la persévérance de M. Nast, membre du Conseil de surveillance de l'Assistance publique, entré au Comité en 1876 et nommé vice-président en 1877, en remplacement de M. Eugène Cauchy.

Il faut d'abord mentionner la formation, en 1876, du Comité des Dames Patronesses, dont Mme la Maréchale de Mac-Mahon accepta la présidence. Jusque-là, la Société n'était pas sortie de son antique cadre, qui ne comportait aucun élément féminin. Plus d'une fois, les rapports annuels avaient parlé avec un certain dédain de ces Sociétés nouvelles, qui comptaient au nombre de leurs ressources les quêtes, les bals et les concerts. Mais ce n'est pas seulement pour organiser des fêtes ou des quêtes, que la Société faisait appel au concours des Dames Patronesses, elle entendait les associer plus directement à ses œuvres, en réclamant leur surveillance et leurs encouragements. On sait quels services rend maintenant ce Comité, depuis que la Société, par la création de ses asiles de nuit et dispensaires d'enfants, s'est formé une clientèle féminine, si nombreuse et si intéressante.

Le 6 avril 1878, l'Assemblée générale eut

lieu avec une solennité inaccoutumée, sous la présidence du marquis de Mortemart, en présence de Mme la Maréchale de Mac-Mahon et des Dames Patronesses, et avec le concours de plusieurs artistes de talent qui alternèrent leurs morceaux et chants, avec les différents rapports composant le programme ordinaire des Assemblées. Chacun des élus aux primes Wolff, Nast et Goffin reçut son prix des mains de Mme la Maréchale de Mac-Mahon.

Dans son rapport général, M. Bercand signale les essais tentés pour varier l'alimentation dans les fourneaux. Aux riz et haricots séculaires, on avait ajouté dans quelques-uns le lard, les saucisses, les sardines et même le chocolat, que quelques membres, ennemis des nouveautés, n'ont jamais pu pardonner à M. Nast. Une pratique de quinze ans a fait justice de ces craintes routinières, et personne ne doute aujourd'hui que la variété du menu ne soit une des causes du succès toujours croissant des fourneaux de la Société.

Ce n'est pas la seule. Il faut faire remonter à la même époque les améliorations apportées au mobilier des établissements, la substitution des fourchettes et cuillers en étain, aux cuillers de bois, la fontaine de coco, permanente et gratuite. Tous ces progrès étaient nécessaires. La soupe à la Rumford, mangée debout, avec une cuiller de bois, dans une écuelle douteuse, ne saurait plus suffire aux consommateurs, indigents ou travailleurs, qui s'en sont contentés longtemps. La Société constate chaque jour, par la préférence accordée à certains fourneaux, combien ils sont sensibles aux soins apportés dans la préparation des aliments, à la propreté du service, et à la politesse des servantes, religieuses ou laïques. Nous connaissons tel fourneau, où

la religieuse ne manque pas de dire au pauvre le plus déguenillé : « Et vous, monsieur, que désirez-vous ? » Ce fourneau, de création relativement récente, distribue douze cents portions par matinée.

Nous donnons ici le fac-similé du recto du bon

actuel. Sans intérêt pour les contemporains, c'est un document dont nous saura gré l'historien futur du second siècle de la Société, s'il retrouve un exemplaire de ce livre dans la boîte de quelque bouquiniste. Au verso, sont les adresses des fourneaux.

Mais trop de sujets intéressants nous restent à traiter, pour que nous puissions nous attarder davantage à cette branche, nous renverrons donc, pour les détails, aux tableaux de l'appendice, et franchissant d'un bond l'espace à parcourir jusqu'à 1890, terme que nous avons fixé à cette étude, nous constaterons seulement que depuis dix ans, la moyenne des portions distribuées n'est pas inférieure à deux millions par année.

Pour les dispensaires d'adultes, le progrès a surtout consisté dans l'augmentation de leur nombre et une meilleure délimitation de leurs circonscriptions. Depuis 1817 jusqu'à l'annexion des communes suburbaines, six dispensaires seulement avaient fonctionné dans Paris. Après l'annexion, on avait essayé de parer à l'inconvénient de l'éloignement par la création de médecins auxiliaires donnant leurs consultations dans leurs cabinets, situés dans les nouveaux arrondissements, ce qui ne présentait pas les mêmes garanties d'ordre et de contrôle que les dispensaires pourvus d'agents de la Société et de commissaires surveillants. Ce ne fut qu'en 1880 que la Société ouvrit dans le quartier du Bel-Air un septième dispensaire, bientôt suivi de quatre autres, dont deux, rue Labat et rue de Crimée, purent être établis dans des immeubles appartenant à la Société.

Depuis quelques années, le vœu, si longtemps formulé, d'un dispensaire par arrondissement, se trouve accompli, et même dépassé, puisque la Société en entretient aujourd'hui vingt-sept, dont les circonscriptions ont été déterminées d'après les besoins de la population indigente.

C'est à partir du 1er janvier 1885, que fut réalisée la réforme dont nous avons déjà parlé, et qui a consisté à remplacer la carte permanente, au nom du souscripteur, par trois cartes d'une durée maxima de trois mois, ne pouvant servir chacune que pour un seul malade.

Pour cette seconde branche aussi, nous renvoyons aux tableaux récapitulatifs de l'appendice. Disons seulement que tant d'efforts et de dépenses n'ont pas été inutiles, que de neuf cents, chiffre moyen de 1870 à 1880, le nombre des malades traités avec cartes s'est relevé

progressivement jusqu'à deux mille cinq cents
en 1890, et que les consultations gratuites ont
dépassé seize mille dans le même exercice.

Revenons maintenant un peu en arrière,
pour suivre désormais, jusqu'à la fin, l'ordre
chronologique des développements inouïs qui
vont jeter tant d'éclat sur ces premières années
du second siècle de l'existence de la Société.

Si quelques réformes dans le régime alimentaire des fourneaux avaient déjà provoqué des
critiques et des résistances, on comprend quel
effroi dut saisir les esprits conservateurs du
Comité, quand M. Nast vint leur proposer de
créer les asiles de nuit pour femmes et enfants.

Une Société, dont la fondation remontait à
un an à peine, avait ouvert sous le nom d'Hospitalité de nuit, dans un immeuble rue Tocqueville, un refuge pour les hommes. Ce genre
d'assistance n'existait pas encore à Paris, et le
succès rapide qu'il obtint démontra son utilité.
Non seulement les hôtes ne manquèrent pas au
refuge de la rue de Tocqueville, mais l'œuvre
eut tout de suite conquis la faveur publique.

Ce que M. Nast proposait à la Société Philanthropique, c'était de créer l'Hospitalité de nuit des femmes. L'idée était excellente, comme l'expérience l'a prouvé ; mais elle pouvait paraître hardie, et elle rencontra, non plus seulement chez les anciens, mais même parmi les plus jeunes, et les plus amis du progrès, une opposition assez vive. M. le comte d'Haussonville, dans sa notice déjà citée, « avoue à sa confu-
« sion (dit-il modestement) qu'il était de ceux
« qui, tout en étant très favorables à l'expérience,
« en attendaient avec un peu d'appréhension les
« résultats. » Les objections ne manquaient pas : un asile, ouvert à tout venant, pour les hommes, c'était déjà une tentative hasardeuse ; mais que serait-ce pour les femmes ? n'était-il pas à redouter que les seules intéressantes ne fussent éloignées des asiles par la crainte du contact des autres ? Et puis, dans quel inconnu de dépenses n'allait-on pas se lancer ?

Toutes les objections se trouvent d'ailleurs résumées dans le procès-verbal de la séance du Comité du 1er février 1879, dans laquelle devait être prise la décision définitive. « Plusieurs
« membres, pratiquant la Société depuis de
« longues années, expriment leurs doutes sur
« l'opportunité de cette création. Ils se deman-

« dont si elle rentre bien dans les prévisions
« de l'article premier de son Règlement, s'il
« ne serait pas préférable de laisser faire cette
« expérience à l'association qui avait déjà fondé
« une première maison, enfin s'il ne serait pas
« à craindre que la Société ne fût entraînée dans
« de grandes dépenses pour ce service nou-
« veau au détriment de ceux en fonctionnement,
« si goûtés et si appréciés du public? »

Mais comment résister à M. Nast, qui appor-
tait de la part de l'Assistance publique la concession presque gratuite (cinquante francs par
an) d'une maison rue Saint-Jacques, avec un
devis de dépenses de trente mille francs seulement, et à M. Chardon-Lagache, qui, avec sa
grande compétence de fondateur d'un hospice,
promettait d'organiser et d'approprier cette
maison? On alla aux voix et le projet fut voté,
à une bonne majorité, suivant l'expression du
procès-verbal.

Quatre mois après, le 20 mai 1879, l'asile de
nuit de la rue Saint-Jacques, contenant soixante-
cinq lits, était inauguré par les membres du
Comité, en présence des Dames Patronesses et
de quelques représentants de l'Administration
et de la presse. M. Nast, après avoir rappelé que
dans presque toutes les communes des environs,

l'hospitalité était donnée administrativement aux malheureux sans asile, tandis que Paris présentait jusqu'ici la plus complète lacune à cet égard, terminait son allocution par un appel chaleureux à tous les dévouements et à tous les concours.

A l'époque de la célébration du Centenaire de la Société, l'asile de la rue Saint-Jacques ne comptait pas tout à fait une année d'existence, et M. le comte d'Haussonville, tout à fait converti, constatait, sans réserves, le succès de l'entreprise. Non seulement l'asile, qui avait déjà reçu alors plus de deux mille femmes, n'avait pas eu à souffrir des promiscuités qu'on pouvait redouter, mais l'ordre et la décence avaient été toujours respectés, aucun scandale n'avait été signalé. Sous la direction ferme et douce de M. et Mme Horny, sous la haute surveillance d'un membre dévoué du Comité, M. Fouret, il s'était établi dès le principe des habitudes de régularité et de bonne tenue, qui sont devenues maintenant des traditions, et que les autres maisons, créées par la Société, n'ont eu plus tard qu'à imiter.

L'expérience avait réussi, non seulement dans son objet principal, mais dans l'intérêt général de la Société à laquelle elle avait ramené la faveur du public, manifestée par des dons importants et des souscriptions plus nombreuses. Aussi l'asile de la rive gauche n'était pas vieux d'un an, que déjà elle ambitionnait d'en avoir un second sur la rive droite.

Ici, notre embarras est grand, entre deux écueils : être trop long ou trop bref. C'est le premier que nous éviterons, en sacrifiant tous les épisodes intéressants et touchants, qui abondent dans la chronique quotidienne des asiles. Mais il faut les lire dans les rapports et discours qui les ont recueillis à l'occasion des inaugurations qui suivront celle de la rue Saint-Jacques. D'ailleurs la tâche serait ingrate de redire les mêmes faits, après des orateurs ou des écrivains tels que le comte d'Haussonville, le prince d'Arenberg, Legouvé, Cherbuliez et Jules Simon.

Quelques courts extraits du Règlement suffiront à faire connaître le but et l'esprit de l'œuvre :

« Article premier. — La Société Philan-
« thropique offre un abri gratuit et temporaire
« pour la nuit, avec distribution de soupe à

« l'arrivée et au départ, aux femmes sans asile,
« quel que soit leur âge, à quelque nationalité
« et à quelque religion qu'elles appartiennent,
« sous la seule condition pour elles d'observer les
« mesures prescrites par le présent Règlement,
« notamment celles relatives à la moralité, à
« l'ordre et à la propreté.

« Art. 5. — Les personnes qui se présente-
« ront doivent donner tous les renseignements
« qui leur seront demandés sur leur indivi-
« dualité, pour la tenue du livre d'inscription.
« Celles qui seront munies de papiers, ou
« justifieront de références, seront admises pour
« trois nuits consécutives au maximum, à
« moins d'une prolongation accordée par un
« membre de la Commission de surveillance.
« Celles qui n'auront ni papiers ni références
« seront admises pour une nuit seulement,
« dans un dortoir spécial.

« Art. 7. — Une heure après le lever, toutes
« les pensionnaires devront quitter l'établis-
« sement pour aller chercher du travail. »

Ce qu'il faut citer encore, toujours par
extrait, c'est l'exhortation que la Directrice doit
lire aux pensionnaires, en même temps que le
règlement, chaque soir avant le coucher. Ce

n'est pas une prière, il n'était guère possible d'en imposer une à une réunion de femmes ne professant pas la même religion, ou n'en professant aucune, c'est une invitation à la prière, dans des termes heureusement choisis qu'aucun culte ne peut répudier :

« Mesdames, vous avez dû, vous toutes qui
« êtes réunies ce soir ici, certainement passer
« par de dures épreuves. Ne vous laissez pas
« abattre par le découragement, nous vous sou-
« haitons, au contraire, patience, courage et
« espérance…

« Ayez espérance dans la charité fraternelle
« de vos semblables qui, vous le voyez, ne de-
« mandent qu'à vous tendre la main ; ayez sur-
« tout confiance en Dieu, qui n'abandonne
« aucune de ses créatures… Pensez à lui, es-
« pérez en lui, puisse-t-il, à votre appel, vous
« accorder un lendemain meilleur ! »

Est-il besoin de dire que chaque soir, ces simples paroles font couler bien des larmes.

On a vu que le règlement prescrivait aux pensionnaires la recherche du travail. La Société encourage les Directrices d'asiles à faciliter leur placement, sans toutefois trop engager sa responsabilité. Mais la première condition pour trouver un emploi, c'est d'être valide. Or, il arrivait souvent que des femmes se présentaient à l'asile de nuit, sortant de la Maternité, avec un enfant sur les bras, après les neuf jours de rigueur. Pour celles-là, les trois nuits ne pouvaient suffire, et leurs forces ne leur permettaient pas de chercher du travail.

Frappée de cette détresse, une femme de grand cœur et de grande vertu, Mme la baronne Hottinguer, née Delessert, un nom bien cher à la Société, voulut fonder dans l'asile même un dortoir particulier, avec un régime spécial, et une durée de séjour plus grande. Elle en fit tous les frais, et s'engagea à payer la somme annuelle qui serait nécessaire. Ce fut le dortoir des mères de famille, qui ne contenait que six lits et six berceaux, et qui devint le germe de l'Asile maternel, fondé plus tard, à l'aide d'autres libéralités.

La Société eut la douleur de perdre cette bienfaitrice subitement, au lendemain de la réalisation de la donation, mais avant l'ouverture de la Salle Hottinguer.

Le 17 juin 1880, l'Assemblée générale annuelle fut tenue sous la présidence de M. Legentil, M. le marquis de Mortemart étant malade. Ce fut un grand jour dans les annales de la Société, qui célébrait le centième anniversaire de sa fondation. M. le comte d'Haussonville lut, aux applaudissements unanimes des assistants, cette Notice, qui restera la meilleure histoire du premier siècle de la Société. Puisse-t-elle avoir, en 1980, un aussi éloquent historien de son second siècle!

La Société avait tout lieu de se féliciter. Aux souvenirs glorieux du passé, s'ajoutaient les succès récents, ses fourneaux et dispensaires en voie de progrès, son Asile de nuit hors de discussion, ses finances dans un état de prospérité sans exemple. Ses recettes de l'année s'étaient élevées à deux cent vingt-huit mille francs, dont soixante-dix-sept mille pour fondations, dons et souscriptions à l'hospitalité de nuit. Aussi voulut-elle fêter son Centenaire avec plus de solennité encore.

Un concert au profit des œuvres de la Société, organisé par les soins du Comité et des Dames Patronesses, eut lieu le 8 mai 1880 dans les salons de l'Hôtel Continental. Mlle Krauss, Talazac, Mlle Broisat, Coquelin et d'autres, prêtèrent le concours de leurs talents. Coquelin lut une pièce de vers de François Coppée, qui avait pris pour sujet : *Un*

Asile de nuit. Ce serait la déflorer que d'en citer quelques vers. Nous la donnons toute entière dans l'Appendice*. Les entrées et la quête produisirent dix-sept mille cinq cents francs.

La première année du second siècle fut marquée par une innovation importante dans la comptabilité. Jusque-là, les résultats financiers et moraux avaient été présentés aux associés et au public, par années du 1ᵉʳ janvier au 31 décembre. On décida de fixer désormais au 1ᵉʳ mai le commencement des exercices, afin de ne pas couper en deux fractions l'hiver, qui est la saison la plus active des œuvres et des délibérations du Comité. L'Assemblée générale, convoquée à un jour postérieur et aussi rapproché que possible de cette date, aurait l'avantage d'être entretenue de faits plus récents.

Nous cesserons d'ailleurs de donner désormais autrement que dans l'Appendice, les chiffres annuels des dépenses effectuées par la Société, attendu que pendant ces dix dernières années, dont M. Sangnier a tracé avec autant de talent que de précision le tableau complet

---

* Voir appendice, page 213.

dans son rapport du 2 juin 1891, les fondations nouvelles ont donné lieu à de grands mouvements de fonds, tels qu'emplois en rentes, achats et constructions d'immeubles, qui figurent dans les totaux, bien que n'étant pas des dépenses proprement dites. Cette comptabilité, un peu primitive, transmise par les trésoriers successifs depuis Benjamin Delessert, était suffisante tant que la Société n'eut à pourvoir qu'aux dépenses de ses fourneaux et de ses dispensaires. Il n'en était plus de même quand la Société étendit son action à plusieurs branches nouvelles, devint propriétaire, et accepta des donations avec budgets spéciaux. M. Truelle sentait déjà la nécessité de réformes que sa mauvaise santé ne lui permit pas d'entreprendre. Après sa mort, arrivée en 1889, M. Bra, son successeur, en prit la courageuse initiative et avec l'aide de deux membres dévoués du Comité, MM. Mansais et Danguillecourt, contrôleurs de la comptabilité, il apporta l'ordre et la clarté, dont le défaut se faisait de plus en plus sentir. Tous les livres furent renouvelés et sous trois titres séparés : ordinaires, extraordinaires, et affectations spéciales, désormais toutes les recettes et dépenses sont classées à leur place, et le

Comité peut se rendre un compte exact, et jour par jour, de la situation de chaque branche, et de chaque fondation particulière.

M. Marbeau, rapporteur à l'Assemblée générale du 28 mai 1881, pouvait déjà constater le succès définitif de l'asile de nuit de la rue Saint-Jacques. Dans la seule année 1880, il avait abrité trois mille deux cent soixante-quatorze femmes et onze cent soixante enfants. Le dortoir, installé selon le vœu de Mme Hottinguer, avait reçu soixante-quatre mères convalescentes avec quarante-cinq enfants ; quatre cent dix-sept femmes avaient été placées par les soins de la Directrice. Enfin, il s'était formé en dehors de la Société, sous le nom de Comité de travail pour l'Asile de nuit des femmes, une association de dames ayant pour but de recueillir, de confectionner et de fournir à l'Asile des vêtements, du linge et des layettes.

L'établissement, dès ses débuts, allait devenir insuffisant ; d'ailleurs Paris est grand, et plus d'une malheureuse s'était présentée la nuit, après l'heure règlementaire, épuisée par une trop longue course ; il fallait donc un second asile, puisqu'on avait créé le premier. La Société acheta, rue Labat, dans le quartier de Clignancourt, une petite maison pouvant contenir à peine vingt-cinq lits, mais entourée de cinq cents mètres de terrain, sur lesquels elle se promettait de construire plus tard, quand ses ressources le permettraient, des dortoirs aussi importants que ceux de la rue Saint-Jacques.

Une installation provisoire permit d'inaugurer ce second asile le 12 décembre 1881, en présence d'une assemblée nombreuse, présidée par M. Legouvé, assisté de M. le duc de la Roche-Guyon et d'autres membres du bureau. M. Legouvé prit pour thème de son allocution cette vérité : Bienfait oblige. Après avoir passé en revue les différentes œuvres de la Société, depuis son origine, il cite plusieurs traits touchants empruntés à la statistique du premier asile, et il termine en adressant, avec cette éloquence familière qui lui est propre, cet appel à la générosité des assistants : « Qui vous a amenés ici? Peut-être un sentiment général de « sympathie, un peu de curiosité... Vous voilà « donateurs, j'entends votre or qui danse dans « vos bourses, et vous sortirez plus pauvres... « non, plus riches. Associons-nous donc et

« fondons ensemble dans l'asile nouveau un
« lit qu'on appellera le lit de l'inauguration *. »

La fondation du second asile avait porté bonheur à la Société. Le jour même où elle décidait l'acquisition de la rue Labat, elle apprenait qu'un généreux bienfaiteur, M. Émile Thomas, lui avait légué deux cent mille francs pour compléter la dotation de l'asile rue Saint-Jacques, ou pour créer un nouvel établissement dans un autre quartier de Paris.

A très peu de temps de là une autre bienfaitrice, Mlle Camille Favre, faisait donation de son vivant d'une somme de cent mille francs et et de cinq cents francs de rentes, à la condition de fonder un troisième asile.

Trois ans après, M. Albert Hartmann léguait à la Société trois cent mille francs et chargeait M. Baliman, son exécuteur testamentaire, de s'entendre avec le Comité sur le meilleur emploi à donner à cette magnifique libéralité.

C'était véritablement un débordement du Pactole. Mais on va voir que la Société savait comprendre et remplir les grands devoirs que

* Voir appendice, page 218.

lui imposaient la confiance et la générosité des donateurs.

Si nous avons rapproché ces trois libéralités, c'est afin de grouper les dépenses d'établissement ou de réfection des trois asiles, qui, à des dates différentes, leur serviront d'emploi.

Avec les fonds de Mlle Camille Favre, et avec son assentiment, la Société fit l'acquisition d'un immeuble, rue de Crimée, 166, qui devint le troisième asile de nuit, et reçut le nom de Maison Camille Favre.

Avec le legs Hartmann, elle reconstruisit entièrement l'immeuble de la rue Labat, qui devint la Maison Albert Hartmann.

Enfin, elle acquit plus tard (en 1889), de l'Assistance publique, la maison rue Saint-Jacques, qu'elle augmenta et reconstruisit en partie, avec les fonds provenant du legs de M. Émile Thomas, dont cette maison prit le nom.

L'inauguration de l'asile de la rue de Crimée eut lieu le 31 janvier 1883, sous la présidence de M. le marquis de Mortemart, assisté de MM. Nast, vice-président, Truelle, qui venait de succéder comme trésorier à M. Éd. Devalois, démissionnaire, et de plusieurs membres du Comité. Sous une tente, dressée dans la cour, se trouvait réunie une brillante assemblée dans laquelle on remarquait Mᵐᵉ la comtesse Greffulhe, présidente du comité des Dames Patronesses, depuis la retraite de Mᵐᵉ la Maréchale de Mac-Mahon. Mᵐᵉ la comtesse Greffulhe, née la Rochefoucauld, eût été appelée à cet honneur par droit de naissance, si elle n'y eût été mieux désignée encore par son dévoûment et sa charité, car elle est nièce, cousine et belle-mère de présidents de la Société.

Cette fois, l'orateur était M. Cherbuliez[*]. Après avoir rappelé la généreuse donation de Mᵐᵉ Camille Favre, à laquelle était due l'acquisition de la maison rue de Crimée, il parla des œuvres de la Société Philanthropique dans un langage élevé où se confondent le talent de l'écrivain et les délicatesses de l'homme de cœur. Jamais l'esprit de la Société n'avait été mieux défini que par ces paroles : « La Société
« Philanthropique a un caractère qui la dis-
« tingue de beaucoup d'autres sociétés du
« même genre. Elle fait profession de venir
« en aide aux indigents de tous les cultes...

[*] Voir appendice, page 228.

« C'est une Société de neutralité religieuse,
« mais la neutralité, cela va sans dire, n'im-
« plique pas l'indifférence. Les tolérants sont
« bons à tout, les indifférents ne sont bons à
« rien. »

Ce n'était pas seulement un troisième asile de nuit que la Société inaugurait rue de Crimée. La maison s'ouvrait aussi à deux autres œuvres qui constituaient deux branches nouvelles d'assistance par la Société. Conformément au vœu de Mlle Camille Favre, on avait réservé une petite maison au fond du jardin, élevée de deux étages, pour en faire un hospice destiné à recueillir vingt femmes âgées de soixante-dix ans au moins, n'ayant aucune infirmité chronique, et justifiant d'antécédents honorables. Moyennant une pension de cinq cents francs par an, les femmes admises à l'hospice sont, jusqu'à leur mort, logées, nourries, entretenues et soignées aux frais de la Société.

Depuis 1883, cette utile institution a déjà procuré à un certain nombre de femmes âgées une vieillesse paisible et heureuse. La population de l'hospice a été en moyenne, compte fait des décès et renouvellements, de douze à quinze pensionnaires par an.

La seconde expérience tentée dans l'immeuble de la rue de Crimée a donné de si importants résultats, qu'il convient de s'y arrêter avec plus de développement. Il s'agit des dispensaires spéciaux pour enfants.

L'idée première appartient à M. Nast, vice-président de la Société. Il avait été frappé de l'insuffisance des secours que peut donner l'Assistance publique aux enfants malades, pour lesquels il n'existe que deux hôpitaux dans Paris, l'un rue de Sèvres, et l'autre rue de Charenton. Non seulement la place manque souvent, mais pour beaucoup de maladies chroniques, résultant de quelque vice du sang, ce n'est pas tant l'hôpital qui convient, qu'un long traitement suivi jour par jour, sous l'œil vigilant d'un médecin et d'une sœur expérimentée.

L'œuvre existait déjà au Havre, fondée par M. le Dr Gibert. M. le comte d'Haussonville et M. Nast voulurent la voir fonctionner. Ils étaient partis convaincus, ils revinrent enthousiasmés. Le premier dispensaire pour enfants fut donc ouvert rue de Crimée, avec l'hospice et le troisième asile. Confié aux soins du Dr Comby, il donna dès la première année de tels résultats, que la Société, saisie par cet engrenage du bien dont parle Legouvé, ne tarda pas à en fonder d'autres dont le succès ne fut pas moindre.

Aujourd'hui elle en compte quatre, qui sont, par ordre d'ancienneté, celui de la rue de Crimée (1883), celui de la rue des Pyrénées (1887), celui de la rue Labat (1888) et celui de la rue Jean-Marie-Jégo (1889). Le nombre des enfants traités annuellement dans ces quatre dispensaires atteint le chiffre de sept mille huit cents, celui des consultations libres vingt mille.

Dans chacun de ces Dispensaires les pansements et distributions de sirops et autres remèdes simples ont lieu tous les jours, matin et soir; la consultation du médecin trois fois par semaine. Un service de bains et de douches, avec distribution de soupes, a lieu trois jours pour les garçons et trois jours pour les filles. Les résultats, c'est-à-dire les guérisons, dépassent toutes les espérances, grâce aux soins éclairés des docteurs Comby, Arnaud, Ruck et Polguère, assistés des Sœurs du Calvaire, du Saint-Sauveur et de Saint-Vincent de Paul.

Nous avons dit que le dispensaire de la rue de Crimée avait été inauguré avec l'asile ; celui des Pyrénées fut installé sur la demande de M. l'abbé Olmer, curé de l'église de l'Immaculée-Conception, qui a offert le local dans l'une de ses maisons paroissiales, et le concours des Sœurs du Saint-Sauveur.

Nous parlerons plus loin de l'inauguration des deux autres qui n'eut lieu qu'en 1888 et 1889. Celui de la rue Jean-Marie-Jégo a, d'ailleurs, une histoire qui ne saurait être écourtée dans une froide énumération.

L'année 1883 avait commencé par l'inauguration de l'asile de la rue de Crimée. Deux autres événements importants devaient la placer au rang des plus laborieuses et des plus fécondes de l'histoire de la Société. Le premier fut l'Exposition des Portraits du siècle ; le second, le décret du 14 mai.

Pour faire face aux dépenses occasionnées par tant de charges nouvelles, la Société devait chercher de nouvelles sources de recettes. Deux membres du Comité, M. Baignères et M. le comte d'Haussonville, eurent l'heureuse idée d'organiser à son profit une Exposition dont le succès financier et artistique fut sans précédent et sera vraisemblablement, hélas ! sans égal dans l'avenir. Avec le concours du ministre de l'Instruction publique, qui prêta la salle de l'École des Beaux-Arts, et des amateurs les plus connus qui s'empressèrent de mettre leurs trésors à la disposition des commissaires, ils parvinrent à réunir une collection des chefs-d'œuvre de David, de Gérard, de Gros, de Géricault, de Proudhon, d'Ingres et de tant d'autres, qui attirèrent, pendant deux mois, une foule d'élite, et procurèrent à la Société une recette nette de quatre-vingt-deux mille francs.

Quant au décret du 14 mai 1883, il constitue un progrès notable dans les conditions d'existence de la Société. L'ordonnance royale du 27 septembre 1839, qui lui accordait la reconnaissance d'utilité publique, lui faisait une obligation d'employer en rentes sur l'État tous ses capitaux, ce qui pouvait sembler lui interdire de posséder des immeubles. Elle avait obtenu cependant l'autorisation d'acquérir les maisons rue Labat et rue de Crimée, mais en lui transmettant la dernière autorisation, M. le Préfet de la Seine avait appelé l'attention du Comité sur cette contradiction, au moins apparente. La Société fit les démarches nécessaires auprès des autorités compétentes, et sur l'avis favorable du Conseil d'État, le Gouvernement consentit à faire cette addition à l'article 2 de l'ordonnance de 1839 :

« Cependant, la Société pourra acquérir soit
« à titre gratuit, soit à titre onéreux, et con-
« server des immeubles destinés et affectés à
« l'un ou plusieurs de ses services, tels que
« fourneaux, dispensaires, asiles de nuit, hos-
« pices, et tous autres, créés et à créer. »

M. Varin, le zélé secrétaire de la Société qui avait succédé à M. Bercand, et qui est encore en fonctions aujourd'hui, avait été chargé du rapport à l'Assemblée générale du 28 mai 1883. Nous lui empruntons quelques-unes des paroles émues que lui inspirait une perte récente, que venait de faire la Société :

« M. le prince de Chalais, duc de Périgord,
« vient de nous être enlevé... Il était de toutes
« les bonnes œuvres, mais parmi celles aux-
« quelles il se consacrait, la Société Philan-
« thropique avait été l'objet de ses plus chères
« préoccupations. Il était le doyen des membres
« du Comité. Notre vénéré président lui a
« décerné le plus beau et le plus mérité des

« éloges, lorsqu'il nous disait à l'une des der-
« nières séances du Comité : Sa vie a été un
« acte incessant de charité. »

L'année suivante, c'était la mort de Mlle Camille Favre et celle de M. le duc de la Roche-Guyon, vice-président, que M. Perret, rapporteur, avait à signaler aux regrets de la Société.

Mlle Camille Favre avait pu voir l'asile de la rue de Crimée en pleine activité, ainsi que le rappelait M. Perret : « Votre désir est réalisé,
« chère et généreuse bienfaitrice, et votre nom,
« inscrit sur la porte de notre Asile, rappellera
« toujours aux malheureux l'intérêt que vous
« leur portiez, le bien que vous leur avez fait. »

M. Alfred de la Rochefoucauld, duc de la Roche-Guyon, digne héritier d'un nom vénéré dans la Société, laissait aussi un souvenir qui devait être précieusement conservé. Il avait, pendant neuf ans, rempli, avec autant de conscience que de distinction, les fonctions de vice-président, qu'il avait acceptées à la mort de son père.

Le prince d'Arenberg, neveu du prince de Chalais, fut nommé vice-président en remplacement du duc de la Roche-Guyon. Il ne devait pas tarder à échanger ce titre contre celui de président, qui lui fut imposé par le vœu unanime des membres du Comité, lorsque la Société perdit M. le marquis de Mortemart. M. Péan de Saint-Gilles, ancien membre du conseil de l'Assistance publique, remplaça alors le prince d'Arenberg, comme vice-président.

Ce fut un véritable deuil pour la Société, lorsqu'elle apprit que son chef bien aimé, le marquis de Mortemart, lui avait été ravi le 17 octobre 1885. Il aimait la Société et s'intéressait à ses progrès récents. Il avait pris parti pour les asiles de nuit, dans les discussions du Comité. Bien qu'il fût presque octogénaire, rarement ses vice-présidents avaient à le suppléer. Il mourut au château de Meillant, qui renferme les restes du duc de Charost, le président de la Société, au commencement du siècle. Ses obsèques eurent lieu à Saint-Vrain, au milieu d'une population qu'il avait comblée de ses bienfaits. La Société fut représentée par plusieurs membres de son Comité, et M. Nast, vice-président, fut l'interprète de ses regrets.

Dans l'Assemblée générale qui suivit, le prince d'Arenberg, président, en prenant pos-

session de son siège, rendit un hommage éloquent aux qualités et aux vertus de son prédécesseur, dont il retraça la vie tout entière, vouée en grande partie aux œuvres de la Société. « Sa mémoire, dit-il, restera longtemps
« honorée par ceux qui connaissaient son amitié
« fidèle et son inépuisable bonté, mais les mem-
« bres de la Société Philanthropique, les colla-
« borateurs de son œuvre de prédilection, lui
« élèveront dans leurs cœurs un monument de
« reconnaissance qui ne périra pas. »

La Société n'attendait, pour donner à la pensée de Mᵐᵉ Hottinguer une réalisation plus complète, que le moment où ses ressources lui permettraient de créer un asile distinct pour les femmes récemment accouchées. M. le comte d'Haussonville fut chargé de faire sur ce projet de création nouvelle un rapport qui fut adressé à tous les souscripteurs. Plusieurs répondirent à cet appel. En même temps, M. Poubelle, préfet de la Seine, chargé par testament de choisir l'emploi de sommes importantes léguées aux pauvres par M. Bégis, consacrait quarante mille francs à cette fondation. C'était assez pour que la Société n'hésitât plus à commencer l'entreprise. Elle trouva, avenue du Maine, une maison, avec huit cents mètres de terrain, dans une situation saine, à une petite distance de la Maternité; elle s'empressa de l'acquérir.

Le 8 juin 1886, elle inaugurait la nouvelle maison, à laquelle on avait donné le nom heureusement choisi d'*Asile maternel*. Il n'y avait guère que les quatre murs; mais la cérémonie présidée par l'illustre Pasteur, assisté du prince d'Arenberg, du Préfet de la Seine, du curé de Saint-Pierre de Montrouge et de plusieurs autres notabilités, avait surtout pour but d'intéresser le public d'élite qui y avait été convié, au succès de l'œuvre naissante. Après une allocution du prince d'Arenberg, M. Pasteur, avouant qu'il s'était décidé avec peine à s'arracher pour une demi-journée à sa retraite de la rue d'Ulm, car, dit-il :

Je ne suis plus à moi, je suis tout à la rage,

parla de la Société et de l'œuvre projetée de manière à rassurer promptement son auditoire sur les menaces de ce début*.

Au mois d'octobre suivant, la maison, complètement agencée et meublée, ouvrait ses

---

* Voir appendice, page 248.

portes aux premières pensionnaires. Trois sœurs de l'Immaculée-Conception commencèrent à remplir leur mission avec ce dévouement, cette intelligence des besoins physiques et moraux de leur clientèle, qui leur ont acquis tant de droits à la reconnaissance de la Société. Malheureusement l'Asile n'a que dix-huit lits et dix-huit berceaux. La Société verra luire avec joie le jour où quelque grande libéralité lui permettra de l'augmenter. En attendant, elle a pu entretenir ces dix-huit lits sans trop emprunter à ses ressources ordinaires, grâce à quelques bienfaiteurs et surtout à Mme Tapon-Chollet et M. le baron Roze, vice-secrétaire du Comité. Il n'est pas possible d'expliquer, sans les nommer, pourquoi l'Asile porte en frontispice le nom de *Maison Georgine Roze*, qui est celui de Mme la baronne Roze, née Tapon-Chollet, enlevée prématurément à l'amour de sa mère et de son mari.

Le règlement et le régime de l'Asile maternel diffèrent complètement de ceux des asiles de nuit. C'est une maison de convalescence où les femmes, sortant de la Maternité, trouvent, pendant dix jours au moins, les soins matériels, la nourriture réconfortante, et au besoin les secours médicaux que réclament leur santé et celle de leurs enfants. C'est aussi une maison de convalescence morale. Pour beaucoup d'entre elles, en effet, le séjour de l'Asile est la suite d'une faute. La Société, en confiant à des religieuses la direction de cette maison, avait bien pensé qu'elles exerceraient une heureuse influence sur leurs pensionnaires, mais elle était loin de prévoir toute l'extension que donneraient à leur mission les admirables sœurs de l'Immaculée-Conception et en particulier la directrice de l'Asile, que, pour ne pas lui déplaire, nous nous garderons bien de nommer. Elle seule et Dieu savent combien d'enfants elle a sauvés de l'abandon qui les menaçait, en veillant à leur placement et en restant, pendant des années après la sortie de l'Asile, la correspondante des mères et des nourrices pour les renseignements, les envois d'argent, les demandes de tout genre à l'Assistance publique, aux mairies, aux commissariats de police; suffisant à tout, ne se rebutant jamais pour obtenir les baptêmes, les reconnaissances d'enfants, les réconciliations de parents, les mariages même, qui sont ses joies et ses récompenses.

La Société venait à peine d'ajouter à sa couronne le fleuron de l'Asile maternel, lorsqu'il lui échut, au cours de l'année 1888, deux libéralités, celle de MM. Heine, et celle de M. et Mme Édouard André, toutes deux d'une importance exceptionnelle.

M. Michel Heine, tant au nom de son frère, M. Armand Heine, décédé, qu'en son propre nom, désirait consacrer une somme considérable à une œuvre charitable, sans être fixé sur le meilleur emploi à faire de cette libéralité.

Il demanda à la Société Philanthropique de lui indiquer quelle œuvre utile et nouvelle pourrait être créée avec son concours.

M. Picot, membre de l'Académie des Sciences morales et politiques, était en même temps l'un des membres les plus écoutés du Comité de la Société Philanthropique. Il était le promoteur et l'apôtre d'une idée qu'il a développée dans un livre très connu sous le titre de *Devoir social*. Cette idée peut se résumer ainsi : reconstituer la famille en rendant le foyer attrayant.

La question des logements à bon marché, presque résolue à Londres, par la fondation Peabody, expérimentée avec succès dans plusieurs villes de France, n'avait jamais réussi à Paris. Et cependant il n'était pas douteux qu'il n'y eût là un grand bien à faire, une grande expérience à tenter pour l'amélioration du sort de l'ouvrier. Soutenu par M. Marbeau, M. Picot fit partager sa conviction à tous les membres du Comité, ainsi qu'à M. Heine, donateur, et la fondation de l'Œuvre des Habitations économiques fut décidée.

On se mit au travail avec l'ardeur et l'activité que la Société est sûre de trouver chez ses administrateurs, toujours heureux de se créer des devoirs nouveaux, dans un but de bienfaisance et d'humanité. M. Heine avait fait, au mois de janvier, ses premières ouvertures, et dès le mois d'avril la Société avait acheté un terrain rue Jeanne-d'Arc, dans le XIII° arrondissement, pour construire la première maison de la *Fondation Armand et Michel Heine.*

M. Chabrol, architecte, fut chargé de diriger la construction des habitations économiques.

Le 18 juin 1888, eut lieu la pose de la première pierre, en présence d'une brillante assemblée dans laquelle on remarquait, outre les membres du Comité, M. Monod, directeur de l'Assistance publique, M. le curé de Notre-Dame-de-la-Gare, M. Heine et sa fille, Mme la duchesse de Richelieu (depuis princesse de Monaco), Mme la comtesse Greffulhe, Mme Picot et plusieurs Dames Patronesses. Après une allocution du président, prince d'Arenberg, et une conférence de M. Picot, telle que lui seul la pouvait faire, on procéda au scellement dans la pierre d'une boîte contenant ce document, revêtu des signatures des principaux assistants :

« Le 18 juin 1888, la Société Philanthro« pique, fondée en 1780, a posé la première « pierre d'habitations économiques élevées « grâce à la libéralité de MM. Armand et « Michel Heine, et destinées, avec l'aide de la « Providence, à développer la vie de famille et « les vertus du foyer. »

La maison de la rue Jeanne-d'Arc était entièrement louée et habitée le 8 janvier 1889. Trente-cinq familles l'occupaient, ayant payé trois mois de loyer d'avance. L'année suivante, la seconde maison, boulevard de Grenelle, comprenant quarante-six logements, était ouverte en janvier; enfin, la troisième, avenue Saint-Mandé, abritant cinquante-cinq familles, devait être inaugurée le 19 février 1891.

Après la construction des deux premières maisons, il ne restait pas une somme suffisante pour en construire une troisième. « Trouvez « toujours le terrain, disait M. Heine au Co- « mité, et je trouverai l'argent. » Il trouva en effet le complément nécessaire à la même source que les premiers fonds.

Telle est donc la situation actuelle de cette fondation : trois maisons, contenant cent trente-six logements sains, aérés, pourvus d'eau, de gaz et de water-closets séparés. Quel est son avenir ?

La Société perçoit un loyer qui, sans dépasser une moyenne de deux cent cinquante francs, lui donne un résultat net à peu près égal à quatre pour cent de la somme dépensée en achat de terrain et en constructions. Ce revenu est intégralement capitalisé. Le produit net de chaque terme est placé en Rentes sur l'État pour former un fonds de réserve destiné à construire d'autres maisons. Dans les calculs, peut-être un peu optimistes, de M. Picot, la Société serait en mesure d'entreprendre la quatrième maison en 1895. En 1898 le capital de la fondation atteindrait son premier million ; le second en 1921, et, à la fin du XX° siècle, l'œuvre fondée par MM. Armand et Michel

Heine serait représentée par un capital de dix-sept à dix-huit millions, qui accroîtrait de cinq cent mille francs par an. Belle perspective pour le second centenaire de la Société Philanthropique !

La donation de Mme Édouard André, venant après celle de MM. Heine, eut aussi un retentissement favorable pour la Société, qui se trouvait, deux fois dans la même année, choisie comme la plus apte et la plus autorisée dispensatrice de sommes considérables destinées au soulagement de l'infortune.

Mme André, née Jacquemart, aussi grande dame que grande artiste, possédait les plus beaux bijoux du monde, diamants, émeraudes et rubis, dont la renommée égalait presque celle de sa charité et de son talent. Avec l'assentiment de son mari, membre du Comité de la Société, elle voulut changer ses trésors en bonnes œuvres. Elle demanda conseil à M. le comte d'Haussonville ; elle ne pouvait mieux s'adresser. On se souvient que M. le comte d'Haussonville avait été l'un des principaux instigateurs des dispensaires pour enfants de la rue de Crimée, dont le succès allait toujours croissant. Il ne cessait de regretter qu'un seul quartier de Paris fût encore doté d'une si utile institution. Il n'eut pas de peine à faire adopter par M. et Mme André et par le Comité le projet d'un autre dispensaire pour enfants, formant un établissement séparé et ayant son budget spécial, tout en étant une Œuvre de la Société, soumise à sa surveillance et à ses règlements.

La donation eut lieu sous ces conditions. La Société fit procéder à la vente des bijoux, qui produisit quatre cent sept mille francs. Les officiers ministériels et les experts, ayant concouru tant à la donation qu'à la vente, renoncèrent, par un accord unanime, à tous leurs émoluments en faveur de l'Œuvre. Sur un terrain régulier de cinq cents mètres, situé rue Jean-Marie-Jégo, dans le XIII° arrondissement, s'éleva le nouvel établissement, que la voix publique appela la Maison des Bijoux, et dont le principal ornement est la plaque indicative du nom des donateurs. Cette construction, simple à l'extérieur, comprend à l'intérieur : salles d'attente, cabinet de médecin, salle de pansement, salles de bains et de douches, réfectoire. Elle peut passer pour un modèle de distribution et, ce qui est plus rare et fait autant d'honneur que le plan à l'habile architecte, M. Sanson, pour un modèle de bon marché.

Il restait à trouver un second Dr Comby, on le trouva dans le Dr Polguère. Son dispensaire, desservi par deux sœurs de Saint-Vincent de Paul de la rue Vandrezanne, donne les résultats les plus propres à réjouir le cœur de Mme Éd. André, qui le visite souvent.

A l'inauguration du nouvel Asile de la rue Labat, dont nous allons parler, et qui eut lieu quelques jours après l'ouverture du Dispensaire André, M. le prince d'Arenberg, avec ces mots du cœur, qui ne lui font jamais défaut, disait, s'adressant à Mme André : « Ah!
« Madame, permettez-moi de vous le dire, vous
« n'avez pas perdu votre écrin. Il a changé de
« forme. Aucune pierre précieuse n'a l'éclat du
« regard que jettera sur vous une mère dont
« vous aurez sauvé l'enfant, car ce regard est
« fait de joie et de gratitude. »

Comme nous l'avons dit, la Société en achetant la maison de la rue Labat n'y avait fait qu'une installation provisoire, et ce ne fut que plusieurs années plus tard, après avoir reçu le legs Albert Hartmann, qu'elle put songer à y établir un asile de nuit de l'importance des deux autres, ainsi qu'un fourneau et un dispensaire pour enfants, semblable à celui de la rue de Crimée. Le 2 mai 1888, la nouvelle maison, entièrement reconstruite, et portant en frontispice le nom de M. Albert Hartmann, était inaugurée par le Comité, en présence du Préfet de la Seine, de M. Monod, et de plusieurs Dames Patronesses, ou invitées. L'assemblée était brillante et nombreuse ; on savait qu'on devait entendre M. Jules Simon, qui prit en effet la parole, après une allocution du prince d'Arenberg. On trouvera son discours à l'appendice*. Sans avoir la prétention de l'analyser, nous pouvons dire qu'il avait pris pour thème la comparaison des devoirs de l'Assistance publique avec ceux de la bienfaisance privée. Une courte citation suffira pour donner le désir de lire le texte tout entier de cette éloquente conférence, où toutes les œuvres de la Société étaient passées en revue avec cette verve familière et ce charme pénétrant qui font de M. Jules Simon l'orateur par excellence des réunions charitables :

* Voir appendice, page 252.

« Comme l'État me prend, vous prend,
« nous prend à tous une partie de ce que nous
« avons, pour répandre, je ne dirai pas ses
« bienfaits, mais les nôtres, il est obligé à une
« stricte justice et à une impartialité absolue.
« Mais vous, vous êtes comme celui qui mesure
« le vent à la brebis tondue, vous avez le droit
« d'être plus doux pour ceux qui ont plus de
« besoins ; le pouvoir que l'infortuné a sur
« vous, est en raison de l'intensité de la souf-
« france. »

Si on n'a pas oublié qu'au moment où elle achevait le nouvel asile de la rue Labat, la Société menait de front les travaux du Dispensaire André et ceux de la première maison de la fondation Heine, on voit à quel apogée de prospérité et d'activité elle était parvenue au cours de l'exercice 1888-1889. Tous les autres services, fourneaux, dispensaires pour adultes et autres, n'étaient pour cela ni négligés ni délaissés. Le nombre des souscripteurs dépassait onze cents et la Société recevait d'un généreux bienfaiteur, M. Lallier, un legs de cent mille francs, que ne sauraient faire oublier les dons Heine et Éd. André.

L'exercice 1889-1890, par lequel nous terminerons cette histoire de cent dix ans, a eu pour rapporteur M. Bellaigue, membre du Comité, ancien membre du Conseil de l'Assistance publique. Nous ne pouvons mieux faire que de lui emprunter quelques détails relatifs à la participation prise par la Société à l'Exposition de 1889. Après avoir rappelé que l'ensemble des œuvres de la Société y avait été représenté, soit en nature, soit en tableaux, il nous montre la plus ancienne, celle qui, sous le nom de Soupes économiques, a inauguré les bienfaits de la Société, et les perpétue sous le nom de Fourneaux, fonctionnant en réalité au profit et à la grande satisfaction des ouvriers, employés, visiteurs et hôtes exotiques de l'Esplanade des Invalides. Il cite cette lettre de M. Alphand, le regretté directeur des travaux :

« Monsieur le Président,

« Au moment où vous cessez l'exploitation
« du fourneau économique, je tiens à vous
« adresser mes remercîments pour l'aide que
« vous m'avez apportée dans mes travaux.
« Grâce à vous, les ouvriers de l'Esplanade ont

« pu trouver, sans sortir de l'enceinte réservée,
« le repas qu'ils avaient à prendre. Vous avez
« ainsi rendu un véritable service non seule-
« ment à ces ouvriers, mais à l'administration
« elle-même... »

Le pavillon de la Société Philanthropique, placé dans le voisinage de la Société de Secours aux blessés, des Habitations ouvrières et autres œuvres se rattachant à l'Économie sociale, se présentait en façade sur l'avenue principale de l'Esplanade des Invalides. Les visiteurs de tout rang et de toute nation s'arrêtaient avec intérêt devant cette cuisine, d'une propreté et d'une activité remarquables, et devant cette salle de consommation qui ne désemplissait pas. Les portions distribuées à cinq et à dix centimes, comme dans les fourneaux ordinaires de la Société, variaient de trois mille à quatre mille par jour. Le chiffre total s'éleva à quatre cent trente-six mille.

Dans une autre partie du rez-de-chaussée, la Société avait exposé un modèle en relief d'une maison économique, ainsi que plusieurs plans et tableaux graphiques, donnant l'indication sommaire des œuvres accomplies depuis le commencement du siècle.

Enfin, au premier étage, plusieurs salles garnies de meubles empruntés aux maisons de la Société donnaient au public la représentation d'un Asile de nuit et de l'Asile maternel.

Cette exposition n'attira pas seulement l'intérêt des visiteurs, elle fixa aussi l'attention du jury qui accorda à la Société Philanthropique un grand prix et deux médailles d'or pour ses diverses œuvres, et cette décision du jury fut en quelque sorte confirmée par l'Académie des Sciences morales et politiques, qui lui accorda à son tour une médaille d'or.

Indépendamment d'un legs de vingt-cinq mille francs fait par M. Dubourg, et d'un don de dix mille francs par Mme la comtesse Greffulhe, en mémoire de son mari, la Société recueillit en 1889 une importante libéralité qui ajouta la possession d'une maison nouvelle à son domaine foncier déjà riche de sept immeubles, situés : rue Labat et rue de Crimée, avenue du Maine, rue Jeanne-d'Arc, rue Jean-Marie-Jégo, boulevard de Grenelle et rue Saint-Jacques, pour les citer dans l'ordre de leurs acquisitions.

Cette maison, située rue Ambroise Paré, 15,

élevée d'un rez-de-chaussée et d'un étage, sur un terrain de deux cents mètres, pouvait être, facilement et à peu de frais, aménagée pour le service d'un fourneau et d'un dispensaire, dans un quartier qui n'en était pas encore pourvu. La Société accepta la donation que lui en firent, le 26 novembre 1889, M. et Mme Chenu.

M. Chenu n'était pas un de ces bienfaiteurs dont parle Maxime du Camp, qui donnent pour être regardés. Sa préoccupation, dont l'acte de donation porte la trace authentique, était d'attribuer à Mme Schlosser seule, dont il venait d'hériter, tout le mérite de sa libéralité et toute la reconnaissance de la Société. Pour se conformer au vœu du donateur, on donna à cette maison le nom de « Marguerite », en souvenir d'une enfant que Mme Schlosser avait perdue. Quelle que soit l'obligation morale à laquelle il ait obéi, la Société associera toujours à la mémoire de Mme Schlosser le nom de son légataire, qui, ainsi que MM. Heine, et M. et Mme André, l'a choisie librement comme dispensatrice du bienfait.

Quelques jours avant cette donation, avait eu lieu l'adjudication de la maison rue Saint-

Jacques, où avait été fondé le premier asile de nuit pour femmes et enfants. On se souvient que la Société n'en était que locataire. Le bail, ou plutôt la concession presque gratuite, approchait de son terme; des travaux urgents étaient nécessaires pour la sécurité des pensionnaires. La Société se trouvait donc obligée, soit d'acquérir, pour reconstruire en partie la vieille maison, soit de quitter ces lieux, qui avaient été le premier berceau de l'œuvre. Il lui en coûtait beaucoup d'abandonner ces murs déjà couverts des noms de nombreux fondateurs. Elle se résigna au double sacrifice d'une acquisition, pour laquelle l'Assistance publique se montra moins généreuse comme venderesse, qu'elle ne l'avait été comme bailleresse; et de travaux coûteux qui furent entrepris l'année suivante, et qui ont fait de cet asile un établissement digne des deux autres.

Grâce à l'acquisition d'un petit terrain contigu, la Société a pu créer un ouvroir et un dortoir de seize lits, séparés de l'asile de nuit, pour y recevoir des femmes enceintes, non pour les trois nuits règlementaires, mais pour le temps nécessaire à attendre leur admission à la Maternité. L'asile de la rue Saint-Jacques donne ainsi aux pauvres femmes, avant leur accouchement, les soins et les secours qu'elles reçoivent après l'accouchement à l'Asile maternel, développement de l'œuvre de Mme Hottinguer.

Cette féconde année 1889 se termina par l'achèvement de la seconde habitation économique, boulevard de Grenelle, 65, dont l'inauguration eut lieu le 18 décembre, en présence de M. Heine, du prince et de la princesse de Monaco, de plusieurs membres du Comité et Dames Patronesses. Après un discours de M. Picot sur les résultats obtenus dans la première maison et sur les espérances de l'avenir, le prince d'Arenberg remercia chaleureusement les donateurs, M. Picot, l'architecte M. Chabrol, et tous ceux qui avaient concouru à l'édification et au prompt achèvement de cette maison.

En mai 1890, la Société avait trouvé avenue de Saint-Mandé, à l'angle de la rue Fabre-d'Églantine, le troisième terrain dont M. Heine avait encouragé la recherche. M. Chabrol se mit immédiatement à l'œuvre, et le crédit nécessaire fut ouvert par l'inépuisable donateur.

Six mois après, la maison était en état de recevoir ses locataires.

Depuis l'éclatant succès de l'Exposition des Portraits du siècle (avril 1883), la Société avait fait d'autres tentatives pour ajouter chaque année à ses ressources normales l'appoint de quelque recette extraordinaire. Une seconde exposition de portraits donna en 1885 un résultat moins brillant, mais encore très satisfaisant. Puis, il fallut bien varier. En 1887, il y eut une représentation à l'Opéra-Comique, avec une revue inédite par M. le marquis de Massa. La fête avait été brillante et joyeuse; elle avait eu lieu le lundi 23 mai, et deux jours après, le mercredi 25, ce même théâtre, incendié en pleine représentation, devenait le tombeau d'une centaine de victimes. La Société se fit un devoir de prélever sur les recettes de sa matinée quelques milliers de francs en faveur des artistes et employés les plus malheureux.

En 1889, une audition du *Messie* de Hændel, au Trocadéro, produisit encore une belle recette. Mais ce n'était pas chose facile que d'inventer toujours des attractions nouvelles, quels que fussent le zèle et l'imagination des habiles et dévoués organisateurs, tels que MM. Baignères, Dreyfus et Ephrussi, auxquels revenait le mérite de ces délicates entreprises. Aussi la Société fut-elle heureuse de trouver par surcroît une ressource plus régulière dans les Ventes au Bazar de la Charité, dues à l'initiative du Comité des Dames Patronesses. Ces Ventes exigent de la part de celles qui s'y dévouent une grande dépense de temps, d'efforts et de fatigues, dont la Société ne saurait être trop reconnaissante.

Il nous reste à mentionner les dernières mutations opérées dans la composition du bureau, par suite de deux pertes très sensibles éprouvées par la Société en 1889.

M. Truelle, ancien juge au Tribunal de commerce, avait fait partie du Comité pendant vingt-deux ans, il avait exercé pendant sept ans les fonctions de trésorier. Il avait consacré ses dernières forces à organiser l'asile, l'hospice et le dispensaire de la rue de Crimée. Sa perte a été vivement sentie par ses collègues et par les Sœurs de l'asile.

Nous avons déjà dit qu'il avait été remplacé comme trésorier par M. Bra, ancien président des agréés au Tribunal de commerce.

M. Legentil avait consacré sa vie entière aux œuvres de bienfaisance. Il était le fondateur des fourneaux de la Société de Saint-Vincent de Paul, et c'est lui qui avait obtenu, après quelque résistance du Comité, l'échange des bons des deux Sociétés. Pour ne parler que de la Société Philanthropique, car il appartenait à plusieurs, il était depuis trente-huit ans membre du Comité et depuis vingt ans son vice-président, lorsqu'il mourut le 17 juin 1889, laissant à ses collègues le souvenir d'une vie exemplaire. Pour le remplacer, le choix du Comité, bientôt ratifié par celui de l'Assemblée générale, se porta sur M. Marbeau, président de l'Œuvre des Crèches, et ancien membre du Conseil de l'Assistance publique, comme les deux autres vice-présidents, ses collègues.

Le bureau du Comité se trouve donc ainsi composé, au moment où finit cette histoire : Le prince d'Arenberg, président ; MM. Nast, Péan de Saint-Gilles et Marbeau, vice-présidents ; M. Varin, secrétaire ; MM. Delondre, Baignères et baron Roze, vice-secrétaires ; M. Bra, trésorier.

Et maintenant, avons-nous tout dit? N'avons-nous pas laissé dans l'ombre bien des générosités et des dévouements dont le souvenir eût mérité d'être conservé? Cela n'est que trop certain, surtout dans le récit des faits contemporains, où nous avons dû ménager la modestie des représentants actuels de la Société, seuls lecteurs probables de cette étude. Telle qu'elle est cependant, cette œuvre de patientes recherches et d'analyse consciencieuse présente un tableau fidèle, sinon complet, de l'origine et des développements de la plus respectable des institutions charitables de Paris, par sa durée et son utilité.

CONCLUSION

CONCLUSION

La Société Philanthropique a rendu, depuis plus d'un siècle, d'immenses services à la population indigente et laborieuse de Paris. Après des phases diverses, que nous avons essayé de retracer, d'après les documents les plus authentiques puisés dans ses archives, elle s'est acquis, au cours des dernières années, des titres nouveaux à la reconnaissance publique par la création de ses Asiles de nuit, de ses Dispensaires pour enfants, de son Hospice pour femmes âgées, de son Asile maternel, enfin de ses Habitations économiques.

Son présent est supérieur à son passé, et son avenir, en partie assuré par des fondations, peut être envisagé avec confiance.

Par leurs subventions annuelles, l'État et la municipalité lui donnent un témoignage public du prix qu'ils attachent à son concours, dans l'œuvre d'assistance qui incombe à tous, aussi bien aux gouvernements et aux villes, qu'aux particuliers associés ou isolés.

Mais c'est surtout sur les souscriptions régulières que la Société doit compter, pour soutenir le poids des charges qu'elle s'est imposées. Le nombre de ses souscripteurs s'élève actuellement à onze cents; c'est onze mille qu'elle devrait avoir et qu'elle aurait certainement si elle était plus connue.

Elle leur offre, en effet, des avantages inhérents à son organisation qu'on ne saurait trop faire ressortir. Tandis que les autres œuvres recueillent des souscriptions pour en faire, par les soins d'un comité ou d'une direction, une application le plus souvent excellente, mais à laquelle le donateur reste étranger, la Société Philanthropique, au contraire, laisse au souscripteur lui-même, au moyen des bons et des cartes qu'elle lui remet en échange de sa souscription, le choix de l'indigent dont il veut apaiser la faim ou du malade dont il veut soulager la souffrance. La Société, ou plutôt le Comité qui agit en son nom, se charge, avec les ressources mises à sa disposition, d'alimenter ses fourneaux, d'en rétribuer le personnel, d'indemniser les médecins, agents et pharmaciens de ses Dispensaires, mais c'est le souscripteur qui envoie au Fourneau ou au Dispensaire l'indigent ou le malade qu'il a voulu faire bénéficier de ses bons ou de ses cartes.

Si on considère, en outre, que le budget des Fourneaux et des Dispensaires présente chaque année un excédant de dépenses important, que la Société ne parvient à combler qu'au moyen de ressources extraordinaires; qu'ainsi elle permet au souscripteur de distribuer à son gré des aliments et des médicaments représentant une somme supérieure à sa souscription, on reconnaîtra qu'il est impossible de trouver, en dehors de la Société, de pareils avantages.

Mais nous insisterons sur celui-ci, qui nous paraît le plus caractéristique, c'est que le souscripteur ne se désintéresse pas de l'aumône qu'il a donnée, et qu'il conserve, par la distribution de ses bons et cartes, le devoir et le plaisir de la charité directe et personnelle.

Benjamin Delessert, le grand philanthrope, qui fut pendant vingt-cinq ans le trésorier de la Société, a laissé une petite brochure presque inconnue, intitulée : *Fondations qu'il serait utile de faire.* C'est M. Picot qui l'a découverte, ou pourrait dire : à qui il appartenait de la découvrir. Dans cette brochure l'auteur énumère les œuvres nécessaires : Dispensaire dans chaque arrondissement, fourneaux, petits hôpitaux, maisons de secours et de travail, bains et lavoirs, bureaux gratuits de renseignements et de consultations, construction de logements à bon marché. Tel est, suivant l'expression de M. Picot, le testament de ce grand homme de bien.

Or, la Société Philanthropique entretient aujourd'hui :

Trente Fourneaux, distribuant plus de deux millions de portions par an ;

Vingt-sept Dispensaires pour adultes, répartis dans les vingt arrondissements de Paris ;

Quatre Dispensaires pour enfants, avec pansements, bains et douches ;

Trois Asiles de nuit pour femmes et enfants, contenant deux cent trente lits et cinquante berceaux ;

Un Dortoir et un Ouvroir pour seize femmes enceintes ;

Un Asile maternel, avec dix-huit lits et dix-huit berceaux ;

Un Hospice pour vingt femmes septuagénaires ;

Elle distribue chaque année cinq mille francs en primes d'encouragement aux ouvriers les plus méritants ;

Enfin, elle donne déjà, dans trois maisons, un logement sain et à bon marché à cent trente-six familles d'ouvriers et petits employés.

N'a-t-elle pas droit de se dire l'exécutrice testamentaire de son illustre trésorier ?

Aucun épilogue ne saurait mieux convenir à une histoire de la Société que ces paroles de M. Picot prononcées à l'Assemblée générale du 27 mai 1887 :

« L'arbre qui a été planté en 1780 est sain,
« les racines s'étendent, il n'est pas d'année où
« quelque branche nouvelle ne reverdisse ; mais
« il faut l'entourer de nos soins, ne pas laisser
« entrer dans nos cœurs ce découragement que
« n'ont jamais connu nos fondateurs... Nous
« avons un grand devoir, c'est de faire con-
« naître parmi les découragés de notre temps la
« Société Philanthropique, de guérir à la fois,
« par l'exercice de la charité, les misères d'en
« bas et les lassitudes d'en haut ! »

APPENDICE

APPENDICE

I

Poésie de François Coppée, lue à la Fête du Centenaire, le 9 mai 1880.

L'ASILE DE NUIT

Un soir, — ce souvenir me donne le frisson, —
Un ami m'a conduit dans la triste maison
Qui recueille, à Paris, les femmes sans asile.
La porte est grande ouverte et l'accès est facile.
Disant un nom, montrant quelque papier qu'elle a,
Toute errante de nuit peut venir frapper là.
On l'interrogera seulement pour la forme.
Sa soupe est chaude; un lit est prêt pour qu'elle y dorme;
L'hôtesse qui la fait asseoir au coin du feu,
Respectant son silence, attendra son aveu.
Car on veut ignorer, en lui rendant service,
Si son nom est misère ou si son nom est vice,
Et dans ce lieu, devant tous les malheurs humains,
On sait fermer les yeux autant qu'ouvrir les mains.

J'ai vu. J'ai pénétré dans la salle commune
Où muettes, le dos courbé par l'infortune,
Leur morne front chargé de pensers absorbants,
Les femmes attendaient, assises sur des bancs.
Que de chagrins poignants, que d'angoisses profondes
Torturent dans le cœur ces pauvres vagabondes,
Dont plusieurs même, avec un doux geste honteux,
Étreignent un petit enfant, quelquefois deux !
On m'a dit ce qu'étaient ces pauvres délaissées :
Ouvrières sans pain, domestiques chassées,
Et les femmes qu'un jour le mari laisse là,
Et les vieilles que l'âge accable, et celles-là
Dont la misère est triste entre les plus amères,
Les victimes d'amour, hélas ! les filles-mères
Qui, songeant à l'enfant resté dans l'hôpital,
Soutiennent de la main le sein qui leur fait mal.
J'ai vu cela. J'ai vu ces pauvresses livides
Manger la soupe avec des sifflements avides,
Puis, lourdes de fatigue et d'un pas affaibli,
Monter vers ce dortoir, tous les soirs si rempli.
Mon regard les suivait ; et, pour leur nuit trop brève,
Je n'ai pas souhaité l'illusion du rêve,
— Au matin, leur malheur en eût été plus fort, —
Mais un sommeil profond et semblable à la mort !
Car dormir, c'est l'instant de calme dans l'orage ;
Dormir, c'est le repos d'où renaît le courage,
Ou c'est l'oubli du moins pour qui n'a plus d'espoir.
Vous souffrirez demain, femmes. Dormez ce soir !

Oh ! naguère, combien d'existences fatales
Erraient sur le pavé maudit des capitales,

Sans jamais s'arrêter un instant pour dormir !
Car la loi, cette loi dure à faire frémir,
Défend que sous le ciel de Dieu le pauvre dorme !
Triste femme égarée en ce Paris énorme,
Qui sors de l'hôpital, ton mal étant fini ;
Et qui n'as pas d'argent pour sonner au garni,
Il est minuit ! Va-t'en par le désert des rues !
Sous le gaz qui te suit de ses lumières crues,
Spectre rasant les murs et qui gémis tout bas,
Marche droit devant toi, marche en pressant le pas !
C'est l'hiver ! et tes pleurs se glacent sur ta joue.
Marche dans le brouillard et marche dans la boue !
Marche jusqu'au soleil levant, jusqu'à demain,
Malheureuse ! et surtout ne prends pas le chemin
Qui mène aux ponts où l'eau, murmurant contre l'arche,
T'offrirait son lit froid et mortel... Marche ! marche !

Ce supplice n'est plus. L'errante qu'on poursuit
Peut frapper désormais à l'Asile de nuit ;
Ce refuge est ouvert à la bête traquée ;
Et l'hospitalité, sans même être invoquée,
L'attend là pour un jour, pour deux, pour trois, enfin
Pour le temps de trouver du travail et du pain.

Mais la misère est grande et Paris est immense ;
Et, malgré bien des dons, cette œuvre qui commence
N'a qu'un pauvre logis, au faubourg, dans un coin,
Là-bas, et le malheur doit y venir de loin.
Abrégez son chemin ; fondez un autre asile,
Heureux du monde à qui le bien est si facile.
Donnez. Une maison nouvelle s'ouvrira.
Femme qui revenez, le soir, de l'Opéra,

Au bercement léger d'une bonne voiture,
Songez qu'à la même heure une autre créature
Ne peut aller trouver, la force lui manquant,
Tout au bout de Paris, le bois d'un lit de camp !
Songez, quand vous irez tout émue et joyeuse,
Dans la petite chambre où tremble une veilleuse,
Réveiller d'un baiser votre enfant étonné,
Que l'autre dans ses bras porte son nouveau-né,
Et que, se laissant choir sur un banc, par trop lasse,
Jetant un œil navré sur l'omnibus qui passe,
Elle ne peut gagner la maison du faubourg :
Car la route est trop longue et l'enfant est trop lourd.

Oh ! si chacun faisait tout ce qu'il pourrait faire !...

Un jour, sur ce vieux seuil connu de la misère,
Une femme parut de qui la pauvreté
Semblait s'adresser là pour l'hospitalité ;
On allait faire entrer la visiteuse pâle,
Quand celle-ci, tirant de dessous son vieux châle
Des vêtements d'enfant arrangés avec soin,
Dit :

« Mon petit est mort et n'en a plus besoin...
Ce souvenir m'est cher, mais il est inutile.
Partagez ces effets aux bébés de l'asile...
Car mon ange aime mieux — mon cœur du moins le croit —
Que d'autres aient bien chaud, pendant qu'il a si froid ! »

Noble femme apportant le denier de la veuve,
Mère qui te souviens d'autrui dans ton épreuve,
Grande âme où la douleur exalte encor l'amour,

Sois bénie!... Et vous tous, riches, puissants du jour,
Vous qui pouvez donner, ô vous à qui j'adresse
Cet exemple de simple et sublime tendresse,
Au nom des pleurs émus que vous avez versés,
Ne faites pas moins qu'elle et vous ferez assez!

II

Discours de M. Legouvé, prononcé à l'inauguration de la rue Labat, le 12 juin 1881.

Mesdames et Messieurs,

Il y a des faits qui sont plus éloquents que toutes les paroles, il y a des actions qui découragent la louange : cette fondation est du nombre. Que dire après le simple exposé que vous venez d'entendre? Ne craignez donc pas de moi un discours, permettez-moi seulement de vous soumettre une simple observation. Skakespeare a écrit bien des chefs-d'œuvre, mais le plus grand de tous, c'est *Macbeth*. Pourquoi? Parce qu'il y a dans *Macbeth* la plus haute conception philosophique et morale qui se soit jamais trouvée dans une pièce de théâtre. Qu'est-ce, en effet, que Macbeth? Un ambitieux qui aspire au trône. Il en est séparé par le roi : il tue le roi pour régner à sa place. Mais, à peine cette tête coupée, il s'en dresse une seconde qu'il faut abattre aussi, s'il veut jouir du fruit de son crime. Il l'abat. A peine abattue, voilà qu'il s'en dresse une troisième? Il voudrait bien s'arrêter, mais vous vous rappelez l'admirable page de Bossuet sur la fuite des années : *Marche! marche!* Tu voudrais, nous dit-il, résister au temps qui te pousse : *Marche! marche!* Tu voudrais te raccrocher à la puissance, te rattacher aux plaisirs : *Marche! marche!* Eh bien, la même voix pousse Macbeth : il faut qu'il tue parce qu'il a tué ; c'est la fatalité moderne substituée à la fatalité antique, c'est-à-dire la fatalité qui sort de la conscience et de la liberté humaine, le mal enfantant le mal!

Ce qu'il y a de plus admirable dans cette conception, c'est qu'elle s'applique à tout. Elle est vraie, non seulement pour les rois, mais pour les plus humbles d'entre nous ; elle est vraie non seulement pour les crimes, mais pour les vices ; non seulement pour les vices, mais pour les défauts ; non seulement pour le meurtre, mais pour le vol, pour le mensonge, pour la déloyauté. Vous commettez un acte improbe, en vous promettant bien de redevenir un honnête homme tout de suite après... Vous ne le pouvez plus : *Marche! marche!* Il faut un second larcin pour vous assurer le prix du premier. Un premier mensonge en amène nécessairement un second. Le premier verre d'eau-de-vie de trop que boit un ouvrier, est celui qui le change en ivrogne. Ne disons donc plus seulement avec le proverbe : Il n'y a que le premier pas qui coûte, ajoutons : Il n'y a que le premier pas qui perd.

Je vous entends d'ici vous dire tout bas : Pourquoi nous parler de Shakespeare, et qu'est-ce que Macbeth a à faire ici? le voici : c'est que si le premier pas est celui qui perd, le premier pas est aussi celui qui sauve. C'est qu'à côté de la fatalité du mal, il y a la fatalité du bien! Vous montez chez une pauvre femme malade, vous pensez en être quitte pour une pièce de vingt francs et quelques bonnes paroles; mais vous trouvez à côté de cette femme un mari infirme, des enfants souffreteux... Il faut bien vous occuper de enfants et du mari! Bienfait obligé! vous êtes pris au piège de votre bonne action : *Marche! marche!*

Quel commentaire plus éloquent de cette parole que ce qui se passe ici aujourd'hui?

En 1780 se fonde une Société Philanthropique, sous la protection de Louis XVI, et elle se reconstitue en 1800, sous le patronage des noms les plus vénérés : Benjamin Delessert, Parmentier, de Candole, Mathieu de Montmorency. Elle établit des *secours à domicile*... Marche! marche! Après les *secours à domicile*, les *jeunes aveugles*... Marche! marche! Après les *jeunes aveugles*, les *caisses d'épargne*!... Marche! marche! Après les *caisses d'épargne*, les *secours mutuels!* Ici l'œuvre s'arrête. Pourquoi? Parce qu'elle est trop prospère, trop étendue, trop riche. La ruche est trop pleine. Il faut qu'elle essaime. Et, en effet, ces quatre Sociétés créées partent pour en créer d'autres, méritant bien le nom d'essaims, car elles emportent avec elle l'amour du travail et le don de faire le miel.

Voilà donc la ruche mère dégarnie! Soyez tranquilles! Elle va recommencer sa besogne : elle fonde les *fourneaux économiques*... Marche encore! les *dispensaires de malades*, les *primes d'encouragement aux jeunes ouvriers*, les *asiles de nuit pour les femmes et les enfants*... Marche toujours!... Et, en effet, cette dernière fondation part de la rue Saint-Jacques, en y restant, et vient établir à Montmartre une seconde ruche.

J'ai été visiter l'asile Saint-Jacques. Trois choses m'y ont particulièrement touché.

D'abord et avant tout, la vue des petits berceaux placés à côté des lits, cette alliance de la détresse et de la plus petite enfance... On les repeuple par la pensée, ces berceaux, on se figure ces pauvres petites créatures, de sept ou huit jours quelquefois, et on pense à ce qu'elles seraient devenues, l'hiver, dans la rue, si l'asile n'avait pas été là. Puis ensuite, c'est l'aspect des réfugiées elles-mêmes. Involontairement nous nous imaginons que le désordre a autant de part que la misère dans leur dénûment, et que la pitié, pour s'intéresser à elles, a besoin d'oublier ce qu'elles sont pour ne penser qu'à ce qu'elles souffrent. Il n'en est rien. Les douleurs les plus imméritées viennent souvent chercher là un refuge. J'ai vu parmi ces malheureuses une véritable dame. Le matin même, était arrivée une pauvre accouchée de la veille, portant dans les bras son enfant qui avait six jours! Elle s'était sauvée de la Maternité pour fuir une épidémie qu'elle redoutait, non pour elle, mais pour son enfant. Elle tomba à l'asile, affolée, malade, à demi morte! La garder une nuit? ce n'était rien. Il fallait la sauver. On l'emmène dans un premier hospice, où on la refuse; à un second, où on la refuse encore; et on ne lui trouve que dans le troisième un lieu de refuge et de guérison. Vous le voyez, on ne fait pas seulement le bien, rue Saint-Jacques, on le fait faire.

Il y a quelques mois, une femme arrive un soir frapper à l'asile. D'où vient-elle? De Roumanie. Qui l'a amenée à Paris? La passion du théâtre; elle veut jouer la comédie. Qui l'a conduite à l'asile? Elle n'a plus le sou, et elle n'a pas d'engagement dramatique. On la reçoit pour trois nuits. Elle était jeune, agréable de figure, active et laborieuse. On lui donne du travail. Elle gagne son séjour et sa nourriture, en cousant des vêtements de pauvres et en attendant la rencontre d'un directeur qui veuille la prendre. Elle le rencontre. Elle a promesse de début. Par malheur, il lui manque une chose indispensable pour débuter : une robe. Qu'à cela ne tienne! L'asile ne s'arrête pas pour si peu. On monte dans ce qu'on appelle la lingerie, c'est-à-dire dans un capharnaüm qui contient un amas de défroques, de jupes, de toques, de chaussures, de vareuses, de châles, et choisissant dans tout cela, on fabrique une robe en velours... Quel velours! vert... Quel vert! mais enfin qui suffit, le théâtre étant fort modeste, pour permettre à cette pauvre Roumaine de monter sur la scène, de jouer et d'avoir du succès. Car elle a du succès et encore plus de reconnaissance. Elle vient souvent à l'asile pour remercier la directrice.

Un autre fait, non moins curieux et vraiment touchant. Cette fois il s'agit d'une jeune femme de vingt-cinq à vingt-six ans, jolie, bien mise, tout à fait décente d'aspect; rien du vice et rien de la misère. Que venait-elle vous demander? Le voici. Elle était maîtresse d'étude dans une institution de jeunes filles aux environs de Paris. Arrivent les fêtes de Pâques; quinze jours de congé pour les élèves. L'institutrice lui dit : « Mademoiselle, je suis fort satisfaite de vous, mais je n'ai nulle envie de vous nourrir quinze jours sans travailler. Partez et revenez après les congés. » Elle part avec vingt francs dans sa bourse. Elle descend dans le plus humble hôtel et y passe deux nuits. La troisième, elle est réveillée par un bruit qui l'épouvante. On pousse la porte, on crochète la serrure! On veut entrer chez elle. Elle tremble, c'est sans doute un voleur, peut-être un assassin! Elle va crier, la porte cède et s'ouvre; un homme entre, ce n'était pas un voleur, c'était pis encore. Le misérable se précipite sur elle, elle se défend. Elle lui échappe! Elle se sauve, et arrive à l'asile! Ce n'était pas la pauvreté qu'il abrita cette fois, c'était l'honneur.

Après ces faits, un chiffre aussi éloquent. Dans l'année 1880, l'asile a abrité, secouru, protégé et même aidé à placer *quatre mille quatre cents femmes!* Or savez-vous ce que tant de bienfaits ont coûté? Onze mille et quelques cents francs, deux francs à peu près par personne! Quel encouragement au bien! Quelle réponse à ces esprits négateurs (pardonnez-moi ce barbarisme) qui font fi de l'obole donnée! Qu'est-ce que cela, disent-ils, une goutte d'eau. Soit! Il y a des gouttes d'eau qui suffisent à sauver un homme... Demandez à l'Évangile... Et c'est avec les oboles qu'on fait les louis, avec les louis qu'on fait les billets de banque, avec les billets de banque qu'on fait le trésor de la charité. Si peu que vous puissiez donner, donnez-le donc, et songez qu'avec quarante sous vous pouvez empêcher un enfant de mourir de faim et de froid.

Enfin, je n'ai pas pu voir sans émotion l'allocution qu'on lit chaque soir à ces pauvres créatures avant leur coucher. Permettez-moi de vous la relire:

« Mesdames,

« Vous avez dû, vous toutes qui êtes réunies ce soir
« ici, bien certainement passer par de dures épreuves.
« Ne vous laissez pas abattre par le découragement;
« nous vous souhaitons au contraire : *patience, courage,
« espérance*.

« Ayez patience. Le malheur qui vous frappe ne peut
« être que temporaire; il va sans doute cesser. Soutenues
« dans l'épreuve imposée, ayez *courage*, ne comptez que
« sur le travail. Fuyez le vice, ce serait votre perte. Le
« travail, quelque rude, quelque peu rémunérateur
« qu'il soit, acceptez-le temporairement avec courage.

« Ayez aussi l'*espérance* dans un lendemain meilleur.
« N'est-ce pas là la vraie consolation de celui qui souf-
« fre? Qui vous dit que la place que vous demandez,
« l'atelier que vous cherchez, vous n'êtes pas passé
« devant hier, et que demain vous ne l'aurez pas
« trouvé?

« Ayez espérance dans la charité fraternelle de vos
« semblables, qui, vous le voyez, ne demandent qu'à
« vous tendre la main; ayez surtout confiance en Dieu
« qui n'abandonne aucune de ses créatures méritantes.

« Le soldat, au matin de la bataille, le marin dans la
« tempête, espèrent encore en lui. Faites comme eux,
« pensez à lui, espérez en lui; puisse-t-il à votre appel
« vous accorder un lendemain meilleur! »

On dit que cette lecture provoque souvent chez celles
qui l'écoutent un attendrissement qui va jusqu'aux san-
glots. Je le crois. Elles arrivent à l'asile le cœur aussi

brisé, aussi affamé que le corps. Ces mots font sur leur âme le même effet que la bonne chaleur de votre poêle et votre bonne soupe sur leur corps. Cela les réchauffe, cela les ranime, cela les nourrit! Mais savez-vous ce qui m'a le plus frappé dans cette allocution, c'est qu'on ait osé y mettre le mot de Dieu! Il faut du courage aujourd'hui pour prononcer ce mot-là tout haut! Autrefois il y avait le fanatisme de la foi, aujourd'hui il y a le fanatisme de l'incrédulité! Il y a des croisades contre la croix!... Il y a même des apôtres d'athéisme! Un d'eux me disait un jour : Prouvez-moi Dieu! A quoi je lui ai répondu : Prouvez-moi le hasard! Je ne suis pas forcé de prouver Dieu, puisque je confesse que son existence et ses attributs dépassent ma raison. Mais vous, vous qui prétendez que rien n'existe que ce qui se démontre, il faut que vous me prouviez le hasard; or, je vous en défie! Car, s'il y a bien des choses inexplicables même avec Dieu, il n'y en a pas une seule qui soit explicable avec le hasard!

On cite souvent ce vers de Voltaire :

Si Dieu n'existait pas, il faudrait l'inventer.

Il est sublime ce vers, mais il est absurde... On ne pourrait pas inventer Dieu s'il n'existait pas! L'imagination humaine ne crée rien, elle combine et se souvient. La meilleure preuve que Dieu existe, c'est que l'homme le croit. Comment comprendre en effet qu'une pauvre créature comme nous, accablée de misères, de souillures, de faiblesses, de vices, qui voit autour d'elle tout périr, dépérir, défaillir, se salir, ait eu l'idée d'un être infiniment juste, infiniment bon, infiniment puissant et éternel, si cette idée ne lui avait pas été gravée au cœur par la main même de celui qui l'a créée! Oh! on a beau dire, on n'a encore rien trouvé de mieux que lui pour soutenir et pour consoler.

Savez-vous ce que c'est que Dieu? c'est le directeur de cette fatalité du bien dont je vous ai parlé. La Providence est une grande diplomate... Permettez-moi de me prendre pour exemple. J'étais chez moi il y a quinze jours, le soir, au coin de mon feu, avec ma famille, quand on m'apporte la carte de M. Nast, le créateur de l'asile de nuit. Il entre et me propose de présider la cérémonie d'aujourd'hui. Je m'en souciais médiocrement. Mais il est très persuasif, M. Nast; il a mieux que l'éloquence du cœur, il a l'éloquence de vingt-cinq années de bonnes actions; puis il se trouva en amitié ancienne avec mon gendre. « Quoi! c'est vous? Comment va votre sœur? Vous rappelez-vous nos réunions de la rue de Provence? etc., etc. » Comment aurais-je pu résister à M. Nast? J'accepte donc, mais en lui disant : « Il est bien entendu que je ne parlerai pas, que je n'aurai aucun discours à faire. » — « Je vous le promets, me dit-il, nous ne vous demandons que votre présence et votre nom. Vous n'aurez à donner qu'une heure de votre temps... » Était-il de bonne foi? je n'en sais trop rien; mais la Providence me guettait. Deux jours après, je demande, en effet, à M. Nast d'aller visiter l'asile Saint-Jacques ; j'en sors touché ; j'arrive ici aujourd'hui : ce que je vois me touche encore ; et me voilà parlant depuis une demi-heure, et, malgré moi, je me sens forcé de tirer de ma poche un billet de cent francs et de l'offrir au nouvel asile. Vous riez, mais vous en ferez autant, vous êtes pris comme moi, vous êtes dans l'engrenage! Qui vous a amenés ici? Peut-être un sentiment général de sympathie, un peu de curiosité... *Marche, marche,* vous voilà donateurs, j'entends votre or qui danse dans votre bourse, et vous sortirez d'ici plus pauvres... non, plus riches! Associons-nous donc, unissons nos offrandes et fondons ensemble dans l'asile nouveau un lit qu'on appellera : le lit de l'inauguration!

III

Discours de M. Cherbuliez, prononcé à l'inauguration de la rue de Crimée, le 31 janvier 1883.

Mesdames et Messieurs,

C'est un grand honneur qu'on m'a fait en me chargeant de présider cette cérémonie, cette inauguration à laquelle vous avez apporté, malgré les distances, votre bienveillant et gracieux concours. Je ne dirai pas comme le Doge de Gênes à Versailles que ce qui m'étonne le plus ici, c'est de m'y voir. Non, je ne suis pas étonné d'être ici. Pour y venir, je n'avais qu'à suivre un penchant naturel. Personne n'a plus de sympathie que moi pour les institutions de bienfaisance qui ont été fondées dans cette maison, personne n'admire plus que moi les généreux donateurs qui les ont rendues possibles, le dévouement des hommes de cœur qui les dirigent, des femmes distinguées et charitables qui les ont prises sous leur patronage. Ce qui m'étonne seulement, c'est d'occuper ici le fauteuil de la présidence. Vous me croirez, j'en suis sûr, si je vous dis qu'une douce violence m'a été faite, que cet honneur m'a été comme imposé par quelqu'un à qui il m'est difficile de rien refuser. On a été pressant, j'ai été lâche, et c'est vous qui en porterez la peine. Mais il me tarde de vous entretenir de choses plus intéressantes que mes étonnements et mes scrupules.

La Société Philanthropique, qui m'a confié la tâche de vous parler aujourd'hui en son nom, a un caractère qui la distingue de beaucoup d'autres sociétés du même genre. Elle fait profession de venir en aide aux indigents de tous les cultes; elle ne demande pas aux infortunes qu'elle soulage quel est leur Dieu, ce qu'elles pensent et ce qu'elles croient. Elle admet dans son sein et parmi les membres de son Comité des catholiques, des protestants, des israélites, n'exigeant d'eux, comme il est dit dans la première notice qu'elle ait publiée, « que d'éprouver cet intérêt involontaire qu'inspire l'aspect d'un malheureux. » C'est une société de neutralité religieuse, mais la neutralité, cela va sans dire, n'implique pas l'indifférence. Les tolérants sont bons à tout, les indifférents ne sont bons à rien.

À ce caractère, la Société Philanthropique joint un autre mérite aussi rare que glorieux, c'est sa durée. Elle subsiste depuis plus d'un siècle, et ce n'est pas un mince mérite que de savoir durer, surtout dans notre temps, dans un temps où rien ne dure, dans un temps de perpétuelles vicissitudes, d'inconstances passionnées et meurtrières. Il n'est rien de plus beau qu'un vieil arbre, et on dirait que les vieux arbres ont eux-mêmes conscience de leur beauté, qu'ils se font gloire de leurs années, qu'ils en portent le fardeau avec une fierté triomphante. S'ils pensent à quelque chose, ils pensent sûrement à toutes les générations d'oiseaux qu'il ont abritées sous leur feuillage. Les oiseaux chantent, c'est leur métier, et le vieil arbre, qui se tait, enfonce chaque année plus profondément dans le sol ses puissantes racines. Mais il y a quelque chose de plus respectable encore qu'un vieil arbre, c'est une vieille société. Songez que celle dont je vous parle a été fondée en 1780 et que Louis XVI lui allouait chaque mois sur sa cassette une somme de cinq cents francs. C'est ce qui s'appelle une longue histoire. Combien de régimes divers n'a-t-elle pas traversés! à combien de gouvernements n'a-t-elle pas survécu! Selon les temps, ses affaires allaient bien, ou moins bien, ou presque mal, ou tout à fait mal. Dans les moments de crise, chacun ne pense plus qu'à soi, et au milieu de l'effarement général, les bourses se resserrent comme les cœurs. Mais voilà l'avantage de durer. Après les mauvais jours reviennent les jours meilleurs; après les années maigres les années grasses... Peut-être me demanderez-vous comment vont aujourd'hui les affaires de la Société Philanthropique... Je serais tenté de vous répondre qu'elles vont bien ; mais les honorables membres du Comité qui m'entourent m'en voudraient et ils auraient raison de m'en vouloir. Les affaires de la charité ne vont jamais bien, la charité se sent toujours pauvre devant l'abondance des misères humaines, la charité est l'éternelle pauvresse. A peine a-t-elle réussi à se garnir les mains que le malheur les vide et la réduit à maudire son indigence.

Cependant il ne faut pas charger les couleurs ni voir les choses sous un jour trop sombre. Si la charité a ses angoisses et ses tourments, elle a aussi ses joies, ses bonnes fortunes, qui semblent lui tomber du ciel. Je veux dire qu'il lui arrive de trouver sur son chemin des mains particulièrement abondantes en aumônes, qui lui viennent en aide et suppléent à ses insuffisances. Il lui arrive de rencontrer quelqu'une de ces belles âmes à qui il est aussi naturel de faire le bien qu'aux chevaux de trotter, comme disait Mme de Sévigné. C'est une de ces bonnes fortunes qui nous a fourni l'occasion de nous réunir ici. Une généreuse bienfaitrice, Mlle Camille Favre, a fait don à la Société Philanthropique d'une somme de cent mille francs. Rien n'est plus éloquent qu'un fait et qu'un chiffre, et je n'aurais garde d'insister. Permettez-moi seulement de faire une remarque. S'il est beau d'instituer par son testament des legs en faveur des pauvres, il est encore plus beau de ne pas attendre d'être mort pour leur faire des largesses. Il est vrai qu'il en coûte moins de dépouiller ses héritiers que soi-même; mais il est des âmes pour qui les dépouillements, les privations volontaires sont une source de bonheur, du moment que le pauvre y trouve son compte.

La somme de cent mille francs dont elle est redevable à la générosité de Mlle Camille Favre, la Société Philanthropique l'a employée à acheter cette maison de la rue de Crimée où nous sommes. Dans les trois corps de bâtiment dont elle se compose seront réunies trois œuvres de bienfaisance fort différentes, qui y vivront côte à côte et dans la meilleure intelligence, se trouvant placées sous la même direction et confiées aux soins des dignes Sœurs du Calvaire.

Dans le bâtiment du centre, le plus spacieux des trois, a été installé un Hospice pour vieilles femmes, qui fonctionne déjà et dont il est inutile de vous signaler l'utilité. Dans le bâtiment de droite s'ouvrira avant peu un Dispensaire où les enfants de ce quartier trouveront consultations, médicaments, pansements, appareils, sans parler des bons avis. A Paris, où les hôpitaux d'enfants, au nombre de deux, sont si souvent encombrés et où les distances sont si grandes, les dispensaires du genre de celui-ci sont appelés à rendre les plus précieux services et la Société Philanthropique, après avoir commencé par la Villette, rêve d'en établir un dans chaque quartier. Cette institution, toute nouvelle chez nous, a déjà fait ses preuves ailleurs. L'exemple nous en vient du Havre où M. le docteur Gibert a installé dans l'ancien logement d'un photographe un dispensaire pour enfants, que j'ai eu l'occasion de visiter, il y a quelques mois, et qui fait grand honneur à celui qui l'a fondé. En 1880, seize cent soixante enfants y ont été traités pour diverses affections, tant du ressort de la médecine que de la chirurgie. M. le docteur Gibert est un de ces hommes qui aiment non seulement à faire le bien, mais à le bien faire. Je vous avoue ma faiblesse, j'admire tous les genres de charité, même la charité bête, quoiqu'elle ait beaucoup d'inconvénients; mais elle en a moins que le vice bête, et le vice l'est si souvent! Quant à la charité intelligente, connaissez-vous un plus noble emploi des facultés humaines? M. Gibert est au Havre un des représentants de la charité intelligente.

Enfin, le bâtiment de gauche de cette maison a été aménagé pour servir d'asile de nuit à l'usage des femmes et des enfants. La Société Philanthropique en a déjà créé deux, celui de la rue Saint-Jacques et celui de la rue Labat; l'inauguration de ce dernier avait été présidée par mon éloquent confrère de l'Académie française, M. Legouvé. Le troisième s'ouvrira dès demain et c'est cet Asile que vous êtes venus plus particulièrement inaugurer. Aussi me permettrez-vous de m'allonger un peu sur ce sujet.

Si quelqu'un demandait à quoi servent les asiles de nuit, on pourrait se contenter de lui répondre qu'ils servent à ne pas passer la nuit dans la rue. C'est une terrible chose qu'une nuit passée dans la rue, surtout pour une femme; il peut y aller de son honneur et de sa destinée tout entière. Mais pour se convaincre de l'utilité des asiles de nuit, le mieux à faire est de les visiter, et tôt ou tard vous vous donnerez tous ce triste plaisir, car il faut savoir se donner quelquefois des plaisirs tristes. Pour ma part, j'ai visité deux fois l'asile de la rue Saint-Jacques, et je peux vous dire ce que vous y trouverez. Vous y verrez arriver entre sept et neuf heures du soir un nombre assez considérable de femmes appartenant à toutes les nationalités, à tous les cultes, les unes seules, les autres acompagnées d'enfants. Vous les verrez défiler l'une après l'autre devant un guichet, derrière lequel est assis le directeur de l'établissement qui s'informe de leur nom, de leur situation, se fait donner par elles tous les renseignements nécessaires à la tenue du registre d'inscription, leur demande leurs papiers, leurs références. Celles qui n'en ont point ne sont admises que pour une nuit, celles qui en ont peuvent passer à l'asile trois nuits consécutives. Après l'interrogatoire viennent les mesures de propreté, le bain, qui n'est souvent que trop nécessaire. Puis on se réunit à la salle d'attente, garnie de longs bancs de bois. On re-

commande aux femmes qui s'asseyent sur ces bancs de
ne pas se livrer entre elles à de bruyantes conversations.
Le plus souvent cette recommandation est inutile. Tous
ces malheurs, venus des quatre coins de l'horizon, ne se
connaissent pas les uns les autres et sont peu disposés à
communiquer ensemble. Chacune de ces femmes se recueille dans son aventure. Plusieurs ont le cœur gros,
oppressé par le chagrin, et il y a du silence dans tous
les grands chagrins. Le mouvement, le bruit, les cris,
et quelquefois les rires sont la part des enfants. L'enfant
a le privilège de rire partout. Tout ce qui est nouveau
lui plaît; l'asile de nuit est une nouveauté qui lui fait
ouvrir de grands yeux étonnés et amusés.

Je peux vous dire aussi de quels éléments se compose
la majorité de ces femmes qui sont venues réclamer
l'hospitalité de nuit. Vous trouverez dans cette salle
d'attente beaucoup de domestiques, cuisinières ou femmes
de chambre. Les unes ont fait une faute et on les a ren-
voyées. Il en est qui sortent de la Maternité, d'autres
sont en instance pour y entrer. D'autres encore n'ont
pas fait de faute, elles ont seulement le tort de quitter
trop facilement leur village et leur province pour venir
chercher une place à Paris. Elles arrivent ou de Bre-
tagne ou de Normandie, ou de nos départements du
centre, ou de ces provinces de l'Est que nous avons
perdues et qui sont encore à nous, de ces provinces
dont nous partageons les douleurs comme l'amputé
croit ressentir des souffrances dans le membre qu'on
lui a coupé. Ces cuisinières, ces femmes de chambre en
quête de place ont mangé jusqu'à leur dernier sou, on
les a expulsées de l'humble garni où elles étaient descen-
dues, et les voilà sur le pavé. Heureusement il y a

l'asile de nuit!... En nombre presque égal à celui des domestiques, vous verrez dans la salle d'attente de l'asile des ouvrières de tout état, qui ont cherché de l'ouvrage sans en trouver ou qui, après en avoir trouvé, ont eu le chagrin de s'entendre dire par leur patron que les affaires chôment, qu'il ne peut plus les occuper. Et les voilà, elles aussi, sur le pavé. Heureusement, il y a l'asile de nuit!

Domestiques, ouvrières, représentent dans l'asile ce qu'on pourrait appeler la race des fourmis. Aux fourmis viennent s'ajouter les cigales. Vous les reconnaîtrez aisément, les cigales, à leur toilette qui fut jadis élégante et qui n'est plus qu'une déplorable friperie, un triste souvenir de beaux jours qui ne sont plus. Certaines femmes ont du talent ou croient avoir du talent; elles se flattent d'avoir des doigts de grande couturière ou d'habile fleuriste. Des amis trop complaisants leur ont représenté que leurs talents végétaient, croupissaient dans le petit endroit où le hasard les a fait naître, qu'il ne tenait qu'à elles d'aller s'établir dans une grande ville, qu'elles ne pouvaient manquer d'y faire fortune. Les voilà parties, et cette grande ville où elles feront fortune, elles vont souvent la chercher très loin, jusqu'en Italie; mais la fortune ne vient pas les y trouver. Après de longues attentes trompées, après beaucoup de dures expériences et de déceptions, à bout de ressources, elles se décident à retourner chez elles, et pour retourner chez elles, il faut qu'elles traversent Paris. Dans quel équipage elles s'y présentent! Il y a dans la vie les départs et les retours, et les retours ressemblent bien peu aux départs. On s'était mis en route l'espérance au cœur et dans les yeux, avec des ailes aux talons; on ne rapporte chez soi ni ses ailes ni ses espérances. Parmi ces voyageuses lasses et détrompées, qui ont couru le monde et battu les buissons sans y rencontrer ce qu'elles y cherchaient, vous trouverez plus d'une institutrice et aussi plus d'une pianiste. Dans les asiles de la rue Saint-Jacques et de la rue Labat, on a reçu jusqu'à vingt institutrices et neuf pianistes. On m'a raconté que ces dernières arrivaient presque toutes d'Angleterre; le mal du pays les avait prises et quand le mal du pays vous prend, on s'en va, on se dit : « Retournons bien vite à Paris, nous y trouverons des leçons. » Et on les attend, et elles ne viennent pas, et on se dit un soir : « Où coucherai-je? allons à l'asile de nuit. »

Je plains beaucoup les pianistes réduites à vendre leur piano, je plains de tout mon cœur les cigales qui ne chantent plus et à qui l'on dit : « Eh bien ! dansez, maintenant ! » Mais ce qui me touche, ce qui m'émeut bien davantage, c'est ce que j'ai vu l'autre soir à l'asile de la rue Saint-Jacques. Il y avait là une pauvre femme au visage consterné, qui semblait avoir été frappée de la foudre. Elle portait un enfant dans ses bras, deux autres s'accrochaient à sa jupe. Elle me raconta en sanglotant son histoire, qui est fort courte. Elle me dit : « Je vivais avec lui depuis sept ans, et il est parti hier avec une autre. » Oui, il est parti avec une *autre*, abandonnant cette pauvre créature, sans ressources avec trois enfants à nourrir, et tout le jour elle se demande où il est, et elle pense à *l'autre*, à celle qui lui a tout pris. Vraiment l'homme est quelquefois bien lâche.

Heureusement tous les cas ne sont pas aussi tragiques. A côté des abandonnées, il y a des fugitives volontaires qui ne tarderont pas à regagner le domicile conjugal, d'où elles ont été chassées par quelque bisbille passagère; on s'expliquera, on se raccommodera. Tel mari rentre chez lui pris de vin et il maltraite sa femme, qui prend peur et se sauve. Ce mari aviné sera demain un mari dégrisé, et il viendra chercher la fugitive à l'asile, en lui jurant ses grands dieux qu'il ne boira plus. Espérons qu'il lui tiendra parole. Mais il faut que je vous conte une visite singulière qu'a reçue l'Asile de la rue Saint-Jacques. Une femme s'y présente l'autre soir dans une toilette élégante et soignée; son langage, ses manières, tout était à l'avenant. Fort étonnée, la très méritante directrice de l'établissement, M⁻ Horny, dit à cette élégante : « Sans doute vous vous trompez, madame; ce n'est pas à l'asile de nuit que vous venez. » — « Permettez, répondit-elle, c'est à l'asile de nuit que je viens. J'ai vingt-trois ans, je suis mariée depuis deux ans, mon mari avait toujours été charmant pour moi, mais je ne sais quelle mouche l'a piqué, hier il s'est permis de me menacer d'un soufflet. Il n'y a que le premier qui coûte à donner; si j'avais accepté celui-là, dans un an d'ici je ne les aurais plus comptés, et je suis partie. » Elle disait vrai. Ce mari à la main trop légère, était-il médecin, professeur, avocat? Vous ne le saurez pas, il faut garder quelque discrétion jusque dans l'indiscrétion... L'essentiel est qu'averti par un mot de la directrice, on le vit arriver le lendemain tout effaré. Il court à sa femme, il lui dit : « Est-ce possible? Toi à l'asile de nuit! Que ne descendais-tu du moins dans quelque hôtel? » — « Je m'en serais bien gardée, répliqua-t-elle. Je te connais, je te sais jaloux. » Il convint qu'il était jaloux et que les asiles de nuit étaient une excellente institution. On pleura, on s'embrassa. Puissent toutes les aventures de ce genre finir aussi bien.

Mais il y a des fugitives dont le cas est plus embarrassant. Je pense surtout à de pauvres petites filles que leur père battait; n'y pouvant plus tenir, elles ont pris le large. Quand on les déshabille pour le bain, on découvre sur ces petits corps des bleus, des cicatrices, qui racontent des supplices, des agonies. Mais il est bon d'ajouter qu'à côté des petites filles qu'on battait, il y a des petites filles qui disent qu'on les bat, et on ne les bat pas. Elles se sont sauvées parce qu'elles avaient envie de voir du pays, parce qu'elles avaient quelque lubie ou quelque aventure en tête. Elles vont, elles vont, et quand elles ne peuvent plus aller, et que leur poche est vide, elles viennent échouer à l'asile, où elles racontent des histoires de l'autre monde, car on ment souvent à l'asile. Où ne ment-on pas?

Enfin il se produit quelquefois des incidents très bizarres. Il y avait dernièrement en Belgique une femme atteinte d'une affection de la moelle épinière. Elle entend parler de Notre-Dame de Lourdes, elle se résout à aller à Lourdes, dans l'espérance d'y trouver la guérison. Elle part dans une petite voiture attelée de deux gros chiens. Mais elle ne partait pas seule, on voulait se donner le plaisir de faire le voyage en famille; derrière la voiture cheminaient à pied le mari et cinq enfants. Selon toute apparence on vécut d'expédients, mais on finit par arriver, il avait fallu deux mois pour cela. Guérit-on ou ne guérit-on pas? Chacun de vous en pensera ce qui lui plaira. Le fait est qu'on laissa la voiture à Lourdes en guise d'*ex-voto* et qu'une personne charitable paya à toute la bande le retour en chemin de fer jusqu'à Paris. On se présente à l'asile, le père, la mère, et les cinq enfants disposés en rang de taille, un vrai buffet d'orgues, sans compter les deux gros chiens qui étaient énormes et n'avaient pas une physionomie engageante. Un obligeant voisin consentit à les remiser; on envoya le père à l'asile de la rue de Vaugirard, on hébergea la mère et ses filles. Le lendemain on se mit en rapport avec la légation belge pour rapatrier tout ce monde. J'aime à croire que désormais, ces braves gens prendront le parti de rester tranquillement chez eux; mais je n'ose trop y compter. Comme l'a dit le poète :

Volontiers gens boiteux haïssent le logis.

Revenons à notre sujet. Couturières, institutrices, pianistes, domestiques, petites filles qu'on bat et petites filles qui mentent, fourmis sans ouvrage, cigales qui ont perdu leurs ailes et leur voix, nous les avons toutes laissées dans la salle d'attente. A neuf heures, la directrice se présente et leur fait connaître le règlement de la maison, puis le directeur leur lit une allocution dont le texte est vraiment touchant et qui est destiné à leur recommander trois grandes vertus, la patience, le courage et l'espérance, car l'espérance est une vertu et elle vient en aide à toutes les autres. Après cela a lieu la distribution de la soupe, et bientôt on monte au dortoir, on se couche, on tâche de s'endormir, on s'endort. Le lendemain, à six heures en été, à sept heures en hiver, on mange une seconde soupe et l'on s'en va; il faut recommencer à vivre ou à tâcher de vivre. Que vont devenir toutes ces malheureuses?... Ah ! n'allez pas croire que les asiles de nuit, institués par la Société Philanthropique, ressemblent à ces asiles de Londres dont plus d'un romancier anglais a fait de sinistres descriptions et qui ne sont que des auberges d'une nuit à l'usage de la mendicité. La Société Philanthropique entend autrement les choses. Parmi ces malheureuses femmes qui viennent réclamer l'hospitalité à la rue Saint-Jacques ou à la rue Labat et qui demain viendront rue de Crimée, il n'en est pas une, pourvu que sa situation soit vraiment intéressante, qu'on rende à son triste sort sans faire quelque chose pour l'aider à se tirer de ses détresses. On s'informe, on s'enquiert, et selon les cas, on avise. Les petites filles qui mentent, on les rend à leurs parents, ou avec l'aveu de leur famille on les place dans quelque établissement où une sévère discipline leur apprendra peut-être à ne plus mentir. Les petites filles que leur père battait, on s'occupe de les caser quelque part. Les femmes qui, après avoir couru le monde, désirent retourner chez elles, on se met en dépense pour les rapatrier. Les ouvrières, les domestiques, on tâche de les placer. Les asiles de nuit sont devenus de véritables bureaux de placement, et j'ai bien envie de vous raconter une histoire à ce sujet, mais on m'a défendu de vous la dire... C'est égal, je vous la dirai tout de même, vous me promettrez de me garder le secret. Une honnête petite ouvrière était venue passer trois nuits à l'asile de la rue Saint-Jacques. On réussit à lui trouver une bonne place. Quelques mois plus tard, on la voit revenir le front radieux, le cœur en joie. Elle venait annoncer une grande nouvelle. Quoi donc?... Son patron l'épousait! Mais vous me garderez le secret. Il ne faut pas laisser croire aux petites ouvrières qu'il suffit d'être sage et honnête pour être épousée par son patron. D'abord elles auraient beaucoup moins de mérite à être sages, et puis elles seraient exposées à de grandes déceptions, car les patrons qui épousent sont des oiseaux rares.

Mais j'oubliais un point essentiel. Une toilette trop délabrée ou trop sordide est un grand empêchement à se bien placer. Les fourmis qui se présentent à l'asile ont bien une chemise, une jupe, mais quelquefois elles ont à peine une robe. Au contraire, les cigales ont toujours une robe, mais souvent il n'y a rien dessous. Eh bien! les unes et les autres se procurent ce qui leur manque dans la lingerie de l'asile, car on y trouve de tout dans cette lingerie, des robes, des jupes, des caracos, des chemises, des bas, des chaussures, des vêtements d'enfants, à condition toutefois que la bienfaisance se charge de remplir ce tonneau de Danaïdes à mesure qu'il se vide. Je lis à ce sujet dans un des rapports de la Société Philanthropique un passage qui mérite d'être cité : « Parfois, nous voyions arriver à l'asile une femme qu'à la simplicité, presque à la pauvreté de sa mise, on aurait pu prendre pour une de celles qui viennent demander l'hospitalité. Avec un peu d'embarras, elle tirait d'un porte-monnaie peu garni une pièce de cinq, de deux, ou même d'un franc, et disait : « Voulez-vous recevoir cela? Je ne suis pas « heureuse et je ne peux pas faire davantage. » Une autre nous a apporté silencieusement un paquet de vêtements d'enfant, et son émotion laissait deviner que ces pauvres hardes dont elle faisait le sacrifice étaient pour elle des reliques qui lui rappelaient le souvenir de quelque cher petit être disparu. N'est-ce pas là la forme la plus sublime de la charité, l'aumône du pauvre et le denier de la veuve ? »

Oui, rien n'est plus touchant que le malheur secourant le malheur. Tout dans ce monde est relatif, et comme on l'a dit, le bonheur lui-même n'est qu'une comparaison. Je me souviens d'avoir lu dans une pièce de Calderon, intitulée *la Vie est un songe,* qu'un pauvre cheminait un jour sur une grande route, tenant à la main un paquet d'herbes qu'il avait cueillies le long des haies pour en faire son repas. Il avait le goût difficile, et celles de ces herbes qui étaient trop sèches ou qui lui semblaient trop amères, il les jetait dédaigneusement sur le chemin. Or, voici qu'ayant tourné la tête, il vit venir derrière lui un autre pauvre, encore plus pauvre que lui, qui ramassait avidement pour les manger les herbes qu'il avait rebutées. Le personnage de la pièce qui raconte cette histoire en conclut qu'on est toujours le malheureux de quelqu'un, que tel de nous ramasserait volontiers les peines de son voisin pour s'en faire des joies.... Mais je m'amuse à vous parler de Calderon quand j'ai quelque chose de bien plus important à vous dire. Comme je sortais l'autre soir de l'asile de la rue Saint-Jacques, l'excellente directrice dont je vous ai parlé me saisit les deux bras, elle les serra même très fort, en s'écriant : « Ah! monsieur, nous sommes à court; dites-leur bien que ma lingerie est vide, que je n'ai plus rien. » Elle tenait beaucoup à son idée, car j'étais déjà dans la rue qu'elle répétait encore : « Dites-leur bien que je n'ai plus rien. » A qui voulait-elle que je le dise? J'ai supposé que c'était à vous, et je vous le dis.

En quittant l'asile de la rue Saint-Jacques, je pensais

que l'hospitalité de nuit est une institution bien utile. Je pensais aussi à tout ce qu'il faut d'attention, de vigilance, de soins, de sollicitude, de dépenses sans cesse renouvelées, pour que cette institution porte tous ses fruits. Je pensais encore que les hommes et les femmes qui se vouent aux œuvres de charité, qui en font leur métier, sont des êtres bien précieux et vraiment sacrés, quel que soit leur costume. Et pourtant, si extraordinaire que cela paraisse, la charité a ses ennemis. Ce sont d'abord les gens qui la regardent comme le témoignage, comme la consécration des inégalités sociales, et qui voudraient la supprimer, en faisant accomplir par l'État toutes les rudes besognes auxquelles elle se complaît. Le gouvernement de leurs rêves est un gouvernement qui se chargerait de loger, de nourrir, d'habiller, d'entretenir, de soigner tous les nécessiteux, tous ceux qui ont besoin de secours. Pour ma part, je respecte infiniment l'État, et je suis convaincu qu'il y a des choses que lui seul peut faire. Mais je suis également convaincu qu'il en est d'autres qu'il fait moins bien que les particuliers, et cela est vrai surtout des entreprises qui ne sont bien conduites que quand le cœur s'en mêle. L'État représente l'intérêt général, il représente le droit, la justice; mais il n'est pas tenu d'avoir du cœur, ce n'est pas son affaire, et quand il se pique d'en avoir, il lui arrive souvent de s'en très mal servir. Ajoutons que les choses que l'État fait moins bien que les particuliers, il les fait d'habitude plus chèrement, avec plus de dépense. Les gouvernements ne craignent pas les faux frais, la charité en a la sainte horreur, elle les considère comme une concession faite aux fantaisies, comme un vol fait aux besoins.

La charité a d'autres ennemis encore, aujourd'hui surtout. Moins acrimonieux à son endroit que les premiers, ils parlent d'elle avec une indulgence dédaigneuse, ils l'envisagent comme une bonne intention qui se fourvoie, et ils estiment que les bonnes intentions qui se fourvoient sont aussi dangereuses que les mauvaises. Ces ennemis méprisants de la charité se recrutent parmi des hommes profondément imbus et pénétrés de certaines théories qu'ils empruntent aux sciences naturelles et qui peuvent être fort vraies et fort justes, mais qu'ils ont le tort de vouloir transporter dans le domaine des sciences sociales. J'ai rencontré un jour en chemin de fer un des apôtres de ces théories, et nous nous sommes beaucoup disputés ; je ne lui en veux pas, la dispute est quelquefois un excellent exercice et pour l'esprit et pour le corps. Il avait entrepris de me démontrer que, si dignes de respect que soient les personnes charitables, la charité est une invention malfaisante, parce qu'elle va à l'encontre des lois de la nature, à l'encontre de la grande loi du *combat pour la vie*, où il est fatal que le faible succombe, que le fort survive. Il affirmait que le point, que la grande affaire est d'améliorer la race humaine comme on améliore la race porcine ou bovine, qu'il s'agit avant tout de constituer par la sélection des nations vigoureuses, belles et bien portantes, et que travailler à la conservation, à la perpétuation des infirmes, c'est s'opposer de parti pris à l'amélioration de notre espèce. A vrai dire, il ne demandait pas qu'on se débarrassât des infirmes par des moyens sommaires comme on se débarrassait à Sparte des enfants difformes, mais il demandait qu'on ne les aidât pas à vivre.

Voilà une théorie qui n'a pas beaucoup de chances de vous plaire. Toutefois, ne jugez pas trop sévèrement celui qui la professait. Il y a des inconséquences qui sont des vertus, et j'ai appris depuis que cet inconséquent avait ses pauvres envers qui il se montrait fort libéral. Mais il s'en cachait avec soin, il s'en cachait comme d'un crime, il serait mort de confusion si on l'avait surpris en flagrant délit de faire le bien. Il y a des pauvres honteux, il appartenait, lui, à la catégorie des bienfaiteurs honteux. Cela prouve qu'il valait beaucoup mieux que sa théorie, qui est fort contestable, car il est fort douteux qu'en s'abstenant de prolonger les jours des infirmes ou qu'en les empêchant d'avoir des enfants, on travaillât à l'embellissement de notre espèce. Les asiles de nuit eux-mêmes en font foi. Ceux qui les dirigent, ceux qui les visitent assidûment vous diront la surprise qu'ils ont éprouvée souvent en y voyant arriver des femmes flétries, ravagées par la misère et accompagnées d'enfants superbes, d'enfants d'une belle venue, d'une belle chair et d'un beau sang. C'est un miracle ! répondra-t-on. Oui, mais ce miracle se reproduit plus fréquemment qu'on ne pense. Il y a dans l'homme quelque chose qui proteste contre les tyrannies de sa destinée, quelque chose qui dépasse et qui domine les fatalités de la nature et de la société, et il en résulte qu'on voit fleurir quelquefois de belles plantes humaines dans des endroits où on ne se serait pas avisé de les aller chercher.

Mais quand cela serait faux, périssent toutes les théories plutôt que de laisser mourir de faim, de froid ou de misère une créature qui demande à vivre ! Vous avez tous entendu parler de la question du mandarin chinois. On se représente qu'il y a quelque part, dans le céleste empire, un mandarin énormément riche, dont nous hériterions s'il venait à mourir; on se le figure comme un homme désagréable, fort peu intéressant, comme un vilain avare, comme un vilain égoïste, dont la mort ne serait pleurée par personne, et on se dit : « Supposé qu'il me suffît de donner une chiquenaude en l'air pour que le mandarin n'existât plus, la donnerais-je, ne la donnerais-je pas?... Mandarin chinois, tenez-vous bien! » Mais il n'est personne ici qui veuille du mal au Mandarin chinois, il n'a rien à craindre de nous. Si je parle de lui, c'est que, suppposition pour supposition, j'en veux faire une autre. Supposez, vous dirai-je, qu'il nous suffît de faire un acte de volonté pour prolonger les jours de la dernière des créatures humaines, de la plus chétive, de la plus repoussante, de la plus difforme, il n'est aucun de nous qui, pour l'amour d'une théorie, se refusât à faire cet acte, et celui qui s'y refuserait, ah! celui-là pourrait être un puissant raisonneur, un grand naturaliste, un grand savant, mais il ne serait pas un homme et il aurait moins d'entrailles que don Juan qui donnait un louis d'or à un vieux pauvre pour l'amour de l'humanité.

Malheureusement pour nous, parlons mieux, heureusement pour nous, il ne suffit pas de faire un simple acte de volonté pour prolonger les jours et adoucir les souffrances des infirmes et des misérables, et ce n'est pas assez de n'être pas les ennemis de la charité, il faut être ses amis chauds et résolus, et à cet effet il faut payer ou de sa personne ou de sa bourse... Le mot de la fin m'est échappé, vous me regardez et je vous regarde, et vous avez compris ce que je vais vous demander. Oui, vous avez compris qu'on en veut à votre bourse, qu'on vous a attirés ici comme dans un de ces bois où l'on détrousse les passants. J'en conviens franchement, nous en voulons à votre bourse. Qu'il vous souvienne plutôt de ce cri douloureux que poussait la brave directrice de l'asile de la rue Saint-Jacques : « Ah ! monsieur, dites-leur bien !... » Je vous l'ai dit, je me suis acquitté fidèlement de mon message. Mais ce n'est pas seulement le linge qui manque, c'est aussi l'argent ; on n'en a jamais assez, et je vous demande de ne pas sortir d'ici sans avoir témoigné par vos dons de la sympathie, de l'intérêt que vous ressentez pour les œuvres dont j'ai eu l'honneur de vous entretenir. Donnez ce qu'il vous plaira, et puisse-t-il vous plaire de donner beaucoup ! Je vous le dis sans pudeur, je vous le dis sans vergogne. Il y a dans le cimetière de ma ville natale une tombe qui porte une inscription singulière. Dans cette tombe repose un homme qui avait du cœur et du mérite, mais à qui ses opinions violentes avaient fait beaucoup d'ennemis, qu'il méritait en partie. Il avait composé longtemps d'avance son épitaphe, et pour complaire à son désir, ses amis, car il en avait aussi, ont fait graver sur son tombeau une inscription qui, autant qu'il m'en souvient, est ainsi conçue : « La vérité a un front d'airain, et ceux qu'elle inspire ne connaissent point la honte. » Permettez-moi de changer quelque chose à cette parole et de vous dire : La charité est effrontée, c'est son devoir, et ceux qui parlent en son nom ont le droit d'être effrontés comme elle, — à la condition, bien entendu, qu'ils ne seront pas les derniers à donner, et j'entends user de mon privilège de président pour déposer le premier mon offrande.

IV

Discours de M. Pasteur, prononcé à l'inauguration de l'Asile maternel, le 8 juin 1886.

MESDAMES ET MESSIEURS,

Vous savez quel est l'exorde traditionnel de tout président. Il commence par rendre compte de ses hésitations à accepter l'honneur qui lui est fait, puis il passe à la reconnaissance que lui cause une aussi flatteuse invitation et il insiste sur sa joie de prendre part à une réunion qu'il appelle invariablement une réunion de famille.

Me permettez-vous de rompre avec ce langage habituel? J'ai commencé, je l'avouerai, par refuser l'honneur de vous présider. Toute demi-journée passée hors du laboratoire me paraît une journée perdue et pleine de remords. Il me semble que j'ai commis une mauvaise action. J'exposais cet état de conscience au délégué que vous aviez choisi pour me demander de venir au milieu de vous. Mais, à mesure que j'alléguais les motifs qui m'attachaient à ma retraite de la rue d'Ulm et que je disais comme le Misanthrope :

Je ne suis plus à moi, je suis tout à la rage,

votre avocat ne voulait pas se tenir pour battu. Il revenait à la charge avec cette insistance que savent mettre les indiscrets du bien. Il me faisait connaître la Société Philanthropique et tout ce qui s'y rattache : secours à domicile, caisses d'épargne, dispensaires pour enfants et pour adultes, primes d'encouragement au travail, fourneaux économiques, asiles de nuit. J'écoutais avec un commencement de capitulation, la longue suite des services rendus depuis plus d'un siècle par votre Société. Mais, lorsque votre ami me parla de cet Asile maternel où nous sommes aujourd'hui et quand il m'exposa ce projet de berceaux qu'on placerait dans le dortoir des mères de famille pauvres, de cette double intention de soigner, puis de protéger la mère et d'empêcher un petit être de commencer la vie par la souffrance et la misère, oh ! alors toutes mes objections furent emportées. Je pouvais bien refuser d'être président, mais je ne pouvais refuser d'être parrain.

Et voilà comment, après avoir rétracté mon premier refus, je suis au milieu de vous — de vous dont on retrouve les noms sur tous les livres de la générosité française, depuis les grands livres d'or jusqu'à ces humbles livrets de charité recouverts d'étoffe noire. Comme vous, je viens regarder, écouter et m'instruire, apprendre à quel point votre Société a grandi, je dirais presque prospéré, si ce n'était pas une sorte d'antiphrase de dire qu'une Société de charité prospère. Elle aime à se ruiner de plus en plus, et c'est là sa richesse.

Tout en vivant d'expédients, votre œuvre aura fait le tour de la misère humaine. Vous avez commencé, il y a cent ans, par vous occuper des octogénaires, puis, après avoir adopté le vieillard, nourri le pauvre, abrité la femme qui a peur de l'isolement et de la nuit, vous ouvrez maintenant un asile aux nouveau-nés. Ah! messieurs, vous avez résolu, dans ses moindres détails, un des problèmes les plus difficiles qui soient au monde : faire le bien.

On s'imagine qu'il n'y a qu'à vouloir. Mais que d'obstacles de toutes sortes! Il faut non seulement se débattre dans les premières difficultés matérielles, mais encore entrer en lutte avec ceux qui regardent de travers toute bonne action dont ils sont incapables, puis avec les hostiles par sécheresse de cœur, puis avec les hésitants qui ne se mettent jamais en avant pour défendre quoi que ce soit, sauf leur bourse, et enfin avec ces bonnes âmes décourageantes qui vous disent : « A quoi sert une œuvre de charité dans cet immense Paris? Autant vaudrait barrer la Seine avec un fétu de paille. » Heureusement, il y a je ne sais quelle force secrète qui pousse ceux qui ont la sainte monomanie du bienfait à aller toujours de l'avant. Rien ne les rebute. Ils ont le génie de l'intrigue pour leurs malheureux. Si les appels suppliants ne suffisent pas, ils organisent des bals et des concerts, pour que le superflu du monde où l'on s'amuse donne l'indispensable au monde où l'on souffre.

Et, à mesure qu'on marche dans cette voie, on est entraîné par le bien même. Il n'y a plus ni barrières ni frontières. On fait ce que vous faites. On ne demande pas à un malheureux : « De quel pays ou de quelle région es-tu ? » On lui dit : « Tu souffres ; cela suffit. Tu m'appartiens, et je te soulagerai ! »

Messieurs, en dépit des pessimistes, il faut reconnaître que notre siècle aura eu, plus que tous les autres siècles, le souci des humbles, des souffrants et des tout petits. Poursuivi par l'idée fixe de leur venir en aide, il aura fait trois grandes choses ; il aura combattu la maladie, la misère et l'ignorance.

Je lisais un jour cette phrase de la sagesse indienne : Celui qui a planté un arbre avant de mourir n'a pas vécu inutile. Vous n'avez pas planté les arbres qui sont derrière cette petite maison, mais vous aurez permis à de pauvres femmes de venir à leur ombre prendre quelque repos avec un enfant dans les bras.

V

*Discours de M. Jules Simon, prononcé à l'inauguration
des nouveaux bâtiments de la rue Labat,
le 2 mai 1888.*

Vous me remerciez, Monsieur le Président, d'être venu ici, et c'est moi qui devrais vous remercier du spectacle que vous me donnez et des paroles que je viens d'entendre.

Vous dites que les œuvres que vous faites sont la réalisation de vœux que j'ai exprimés bien des fois dans ma vie; c'est donc encore à moi de vous remercier. Il y a entre vous et nous autres théoriciens toute la différence qui sépare une espérance d'une réalité.

Vous faites ici, à mon avis, la plus belle des œuvres.

Paris est devenu une bien grande et une bien belle ville; il peut montrer de beaux monuments, les chefs-d'œuvre de l'art. Eh bien! quand le monde, répondant à l'appel qu'on lui fait, viendra l'année prochaine voir tous les produits de l'industrie universelle réunis au

Champ de Mars, montrez-lui aussi vos Asiles de nuit, afin qu'il connaisse bien la ville que nos ennemis appellent la grande Babylone.

Il y a ici une grande place pour la dépravation, comme dans tous les centres d'agglomération humaine; mais il y a aussi une place pour la vertu et pour la pitié, j'en atteste cette humble maison et la compagnie que j'y vois rassemblée, et qui se compose de bienfaisants et de bienfaiteurs.

Je n'ai rien à vous dire sur vos Asiles et sur vos Œuvres; je suis venu pour apprendre et non pour enseigner. Cependant, puisque vous avez désiré que je prisse la parole dans cette occasion, laissez-moi vous dire quelques mots du caractère général et philosophique de l'assistance à la misère.

Il y a deux façons de traiter la misère : l'une est de la supprimer par la loi, et l'autre de l'atténuer par la bienfaisance.

La supprimer par la loi, c'est le rêve de tous ceux qui ne connaissent ni la loi, ni la société, ni la misère.

Ils aspirent à faire à chaque membre de la société humaine une part mathématiquement égale de la propriété universelle; vous savez qu'ils n'y réussiront jamais; que, s'ils y réussissaient aujourd'hui à une heure, à une heure un quart leur opération serait déjà détruite, et que si par impossible elle durait, ils maudiraient à jamais le jour où ils auraient réussi, car le plus clair résultat de leur triomphe ne serait pas de supprimer ceux qui souffrent, mais de supprimer ceux qui ne souffrent pas.

Mais laissons ces utopies de côté, et ne les traitons pas comme les a traitées autrefois la Convention nationale, qui avait prononcé la peine de mort contre quiconque proposerait de supprimer la propriété.

La bienfaisance, l'assistance peut se réaliser par divers moyens.

Il y a la bienfaisance de l'État, dont vous voyez ici les représentants; il y a l'aumône, l'aumône au jour le jour; et il y a les institutions dues à l'initiative privée. De ces trois moyens, c'est le dernier que vous représentez. Je suis bien sûr que le directeur de l'Assistance publique ne m'en voudra pas de dire que l'assistance par l'État n'est pas l'idéal. Ce n'est pas le sien, j'ai des raisons particulières pour le savoir.

Il y a une école — que j'appelle l'école dure — qui ne veut pas même que l'État puisse intervenir dans la cure de la misère. Dès qu'il intervient, cette école crie : « Voilà le socialisme d'État ! » et, si on l'écoutait, on prierait M. Monod de reprendre la direction d'un grand département, et de laisser l'assistance publique sur la foi de la charité privée.

De même on trouve, dans cette école dure, des personnes qui veulent absolument supprimer l'assistance directe, l'assistance au jour le jour, l'aumône, pour la nommer par son nom; et vous connaissez les arguments qu'elles invoquent : elles nous expliquent que c'est nous associer à une sorte de délit, en commettre un, que de donner un sou au malheureux qui demande au coin de la rue.

Il n'y a pas longtemps que M. Monod et moi avons entendu développer cette thèse avec un luxe d'arguments dont aucun n'était nouveau pour nous. On nous disait qu'en ce moment où il y a tant de syndicats professionnels, les mendiants ont trouvé moyen d'avoir aussi le leur. Oui, ils ont leur syndicat; il y a un gérant du syndicat; il y a peut-être des assemblées du syndicat; et l'association possède des moyens d'opérer très bien entendus, très considérables, par lesquels on exploite, dans le cœur des honnêtes gens, ce sentiment de la pitié dont M. le président parlait si bien tout à l'heure, — on parle toujours bien de ce qu'on sent profondément.

Oui, Messieurs, cela est vrai : il y a un syndicat; certaines personnes connues par leur charité sont mises en coupe réglée; et, la plupart du temps, quand on croit venir au secours d'un nécessiteux, on ne fait que contribuer à la prospérité d'un homme d'affaires. En conclurez-vous, avec l'école dure, qu'il faut tenir sa main fermée?

Pour moi, Messieurs, je suis persuadé que les adeptes de cette école ont raison. Je tiens leurs arguments pour irréfutables, mais je crois aussi qu'ils doivent nous faire la grâce de ne pas triompher à l'excès de notre cœur, et de nous laisser avoir tort dans une petite mesure.

Il faut manier même les principes avec quelque douceur et ne pas les pousser jusqu'à l'excès. Je prends, par exemple, l'aumône, dont je ne parlerai plus. Est-ce un crime, quand vous voyez une pauvre malheureuse entourée d'enfants, de vous dire que, s'il y a des chances pour que ces enfants ne soient que des moyens d'exploitation, il y en a cependant aussi — ne fût-ce qu'une sur mille — pour que ce soit là une vraie famille et une vraie misère? Si vous vous laissez aller au mouvement instinctif qui vous porte à soulager cette misère puisque la voilà, sans autre motif, ne vous regardez pas comme trop coupable.

Cependant, je le répète, je ne me fais pas le défenseur de l'aumône sous cette forme.

Quant à l'assistance par l'État, si vivement attaquée par les partisans de l'école dure, on pourrait opposer des raisons à leurs raisons; et la principale, la voici : c'est que, partout où l'initiative privée ne peut pas suffire, il faut bien que l'État intervienne, il faut qu'il fasse ce que nous ne pouvons pas faire; et il y a beaucoup de choses qu'il fait et que nous ne ferions pas! Dès lors, il fait bien de s'en charger, c'est son honneur.

L'État n'est pas un organisme mécanique; on ne conduit pas l'humanité et la société avec la régularité des rouages qui font mouvoir une machine. Non! L'État étant la forme de la société humaine, tout ce qui est de l'homme doit être en lui; et si je n'y trouvais pas, pour une part, la bonté et la pitié, je croirais avoir affaire à quelque conception hybride. Je cherche la vie, et je n'aurais devant moi qu'un automate. Ma conclusion sur ce point, c'est que l'État a une double fonction : faire lui-même ce que l'initiative privée ne peut pas faire, et s'efforcer de se rendre inutile, en élevant et en éclairant l'initiative privée, et en lui donnant la sécurité sans laquelle rien ne peut se faire en ce monde.

En cela, l'assistance publique par l'État ou par la commune, car c'est la même chose — j'entends la vraie commune, — l'assistance publique, dis-je, et vous, vous avez le même but à vous proposer. L'assistance publique doit travailler à se rendre inutile, et vous, Messieurs, vous devez travailler aussi à la rendre inutile. C'est même un des nombreux services dont la Société vous est redevable. Comme il y a des œuvres qu'elle fait parce que vous ne pouvez pas les faire, il y en a que vous faites et qui lui sont impossibles ou interdites.

L'État ne peut établir des fourneaux. Il est inadmissible, en effet, qu'il se mette à nourrir ses administrés. L'État ne peut faire des asiles maternels comme les vôtres. Il fait tout ce qu'il peut en ayant un hôpital; et il renvoie souvent la mère avant qu'elle puisse se tenir debout.

J'avais un ami... assurément vous le connaissez tous, et, puisque l'occasion se présente de prononcer son nom dans une assemblée telle que celle-ci, je le fais avec le plus grand plaisir et non sans attendrissement, car nous l'avons perdu... Nous l'avons perdu deux fois : une première fois, quand ce grand citoyen français est devenu allemand, et une seconde fois, quand il est mort : c'était Jean Dolfus.

Jean Dolfus cherchait constamment ce qu'il pourrait inventer contre votre ennemi commun, qui est la misère. Il avait trouvé, entre autres, ce moyen : toutes les fois qu'une ouvrière accouchait, il lui remettait une petite somme d'argent pour lui permettre de rester chez elle un certain nombre de jours et de ne recommencer le travail de l'atelier que quand elle avait repris ses forces, et que la petite créature à laquelle elle avait donné le jour commençait à s'accoutumer à vivre. Il avait fait ce calcul que la mortalité des enfants diminuait ainsi dans une proportion considérable. « Jamais, me disait-il, avec une si faible somme, on n'a sauvé la vie de tant d'êtres humains ! »

Voilà ce qu'on peut faire, je ne dirai pas avec son argent, mais avec son cœur !

Je ne reproche pas à l'État sa sévérité. Son premier

devoir est de faire à chacun la part égale. Il renvoie cette mère trop tôt, parce qu'il y en a une autre qui ne peut attendre. Vous, au contraire, vous n'attendez pas seulement que l'accouchée puisse se lever, vous attendez qu'elle puisse vivre : voilà votre supériorité! Cette supériorité tient à la différence profonde qui existe entre les secours que donne l'État et ceux que vous donnez; l'État prend ce qu'il donne; tandis que vous, vous donnez ce qu'on vous donne.

Comme l'État me prend, vous prend, nous prend à tous une portion de ce que nous avons, pour répandre je ne dirai pas ses bienfaits, mais les nôtres, il est obligé à une stricte justice et à une impartialité absolue. Mais vous, vous faites comme celui qui mesure le vent à la brebis tondue; vous avez le droit d'être plus doux pour ceux qui ont plus de besoins; le pouvoir que l'infortuné a sur vous est en raison de l'intensité de sa souffrance.

Il en est de même pour vos Asiles de nuit.

Je racontais tout à l'heure à M. le Préfet qu'un de ses collaborateurs me disait, dimanche dernier : « Les Asiles de nuit? nous n'en avons pas besoin; personne à Paris ne peut être réduit à la rue. Si vous connaissez quelqu'un qui manque d'asile, envoyez-le à mon bureau, et je vous garantis que nous lui donnerons un lit et du pain. »

Je ne sais pas, je n'interroge pas M. le Préfet de la Seine; je ne lui demande pas si son très intelligent et très zélé collaborateur n'a pas pris les merveilles qu'il peut faire pour le train ordinaire des choses. Mais je connais des malheureux qui, voulant à toute force avoir un asile et du pain, ont été obligés de se faire condamner par la police correctionnelle. Ils trouvent alors un asile, il est vrai, mais aussi un geôlier ; s'ils venaient rue Labat, n° 44, ils trouveraient l'asile... sans le geôlier.

L'État ne peut pas faire non plus des logements d'ouvriers. Vous aviez la bonté, Monsieur le président, de rappeler tout à l'heure les efforts que j'ai faits pour propager cette idée que restaurer, répandre l'esprit de famille, c'est restaurer et répandre les deux choses les plus belles qu'il y ait sous le ciel : la vertu et le bonheur. Il n'y a pas de société vertueuse, il n'y a pas de société heureuse, si la famille n'y est vénérée, puissante et sacrée.

En même temps, je disais partout que, pour que la famille puisse prospérer et vivre, il faut qu'elle ait son nid.

J'aperçois dans cet auditoire même des personnes que je rassemblais alors autour de moi et à qui je tenais ce langage : « Vous êtes jeunes, vous êtes riches, eh bien ! quittez un peu les plaisirs du monde, et venez voir de près la misère. » Et ces jeunes gens, destinés à devenir des hommes de bien et de grands serviteurs de leur pays, allaient dans les taudis où l'on souffre physiquement quand on y reste quelques instants, et dont on sort l'âme attristée en pensant que c'est là que vivent des familles entières.

A Paris et dans tous les centres industriels, nous sommes ainsi allés faire notre triste enquête — quelquefois ensemble, quelquefois isolément — et, à la vue de tant de misère, nous nous demandions comment il pouvait se faire que, dans ces recoins si étroits, où l'air manquait, où la propreté était impossible, où sept, huit, dix créatures humaines végétaient dans un espace que l'on trouverait trop restreint pour un animal domestique; nous nous demandions comment il pouvait se faire que là fleurît ce sentiment de l'amour mutuel qui unit la femme à son mari, le mari à sa femme, le père et la mère à leurs enfants, et nous nous disions : « Ce n'est pas possible; il faut changer cette situation ou voir la société périr et se détruire sous nos yeux. »

On a bien essayé, on a beaucoup fait. La différence entre ce que vous voyez aujourd'hui et ce que vos pères ont vu il y a trente et quarante ans, est considérable. Réjouissez-vous-en, mais dites-vous en même temps que le nombre des infortunes qui restent à secourir est encore trop grand; qu'il est dur en sortant de l'atelier, après dix heures de travail, de rentrer chez soi et de n'y pas voir même un lit pour toute la nichée; d'y trouver des enfants qui, peut-être, ont été abandonnés de sept heures du matin à sept heures du soir, parce que le père et la mère sont ouvriers, esclaves de la fabrique, chacun de leur côté; de n'y voir jamais de feu dans la cheminée, parce que la femme ne sait pas ce que c'est que d'allumer du feu, pas plus qu'elle ne sait comment on passe un fil dans le trou d'une aiguille, parce qu'elle n'a jamais fait œuvre de femme et que la découverte de la machine l'a réduite à ce que Michelet appelait : « l'état misérable d'ouvrière. »

Vous voulez faire des logements où l'on puisse vivre. Oh! vous ne voulez pas faire des logements somptueux! Pendant que nous courions de tous côtés pour pousser à la construction de logements habitables, nous prêchions en même temps la nécessité d'obtenir des maisons d'école. Nous avons trop réussi en ce qui concerne les maisons d'école. Nous voulions des maisons salubres, mais modestes, qui ne feraient pas prendre en dégoût la chaumière paternelle. On nous a donné des palais. Vous, vous ne ferez pas cela. Non, vous ferez des maisons simples, commodes... commodes non pas complètement. Il n'est pas, en effet, nécessaire d'avoir toutes ses aises. La pitié que nous éprouvons pour ceux qui souffrent ne va pas jusqu'à vouloir changer la condition humaine.

La vie n'est pas une suite de jouissances, c'est une suite de sacrifices : la souffrance pour chacun de nous y domine le plaisir. Ceux qui connaissent le sentiment du devoir et la puissance du sacrifice accompli me permettront de dire que la vie doit être austère; je veux bien combattre la misère, mais je n'espère pas détruire absolument la souffrance, l'occasion du sacrifice; non, je ne l'espère pas, je ne le peux pas, je ne le veux pas.

Vous ferez donc des maisons d'ouvriers. L'État, je le reconnais, a voulu lui aussi en faire. J'ai visité ces maisons; mais le premier inconvénient qu'elles présentaient, c'était que l'ouvrier ne voulait pas y aller. Il avait trouvé le mot, il les avait appelées des « casernes. » Dieu me préserve de rien dire contre les casernes ! Cependant j'ai toujours présent à la pensée ce que disait devant moi un homme qui n'appartient pas à mes opinions politiques, mais dont la conduite depuis ses malheurs a été d'une dignité qui inspire le respect. « Le Français n'aime pas la caserne, quoiqu'il aime la poudre. »

En effet, le Français n'aime pas la caserne : l'ouvrier parisien, dans ces belles maisons, se sentait ou se croyait caserné, coté, surveillé; le concierge, lui-même, lui faisait l'effet d'une sorte de commissaire de police. L'empereur Napoléon III avait fait des sacrifices personnels — et il faut lui en savoir gré — pour construire dans Paris de grandes cités, qui restèrent vides. Il fut obligé, au bout de quelque temps, de les louer à l'un des prédécesseurs de M. le Préfet de la Seine pour y loger des douaniers.

Il n'y a que l'initiative privée qui puisse faire des logements d'ouvriers; toutes ces œuvres sont des œuvres qui vous appartiennent; l'État n'y peut rien, et même pour celles qui lui incombent, il doit chercher à se rendre inutile, je le répète.

Quand vous traversez les rues de Londres et que vous lisez sur la porte d'un hôpital : « *Soutenu par des souscriptions privées,* » vous êtes rempli de joie, parce que vous dites : Voilà des hommes qui comprennent la solidarité humaine. Ils voient où est le devoir, et ils l'accomplissent sans autre impulsion que celle de leur raison. La vraie société humaine est celle qui n'a pas besoin pour faire le bien d'y être contrainte par la force, et qui s'y porte spontanément avec la régularité de la nature obéissant aux lois éternelles.

Je ne veux pas finir cette conversation, quoiqu'elle soit déjà trop longue, sans vous dire un mot de votre personnel.

N'attendez pas de moi que je dise du mal du personnel qui relève du Préfet de la Seine, ni de celui de M. Monod. Je ne m'associe pas le moins du monde à la guerre que l'on fait aux fonctionnaires publics de quelque ordre qu'ils soient. Je crois que nous avons de mauvais fonctionnaires, parce qu'il y a toujours du mauvais à côté du bon; mais j'ai l'intime conviction que l'immense majorité en France est composée d'excellents éléments et est remplie du sentiment du devoir professionnel. Chose étrange, plus on descend, plus on trouve l'homme sous le fonctionnaire. Je lis quelquefois les comptes rendus de ce qui se passe dans les Parquets et dans les cabinets des commissaires de police, afin de me convaincre de plus en plus du caractère paternel et bienveillant de cette magistrature populaire. Ceux qui sont amenés devant eux ne trouvent pas là un ennemi, comme on le croit quelquefois, mais un organe intègre de la loi qui représente toujours la justice, et, chaque fois qu'il le peut, la bienveillance. J'en dis autant des agents, très mal compris et très souvent maltraités par la population qui est pourtant la plus voisine d'eux par sa situation, je veux parler des agents de police, des sergents de ville, ou, comme on les appelle à présent, des gardiens de la paix. Il est bien possible que je sois pour eux un plus grand ami que M. le Préfet lui-même, parce que, lui, il est obligé de gouverner, et quand on gouverne on voit les gens par le côté où ils ont besoin d'être tenus. Quant à moi, je m'intéresse à ces agents, qui, je le crois, ne demandent qu'à être utiles et bienveillants. Je suis convaincu que quand ils emmènent un vagabond, au fond, ils le plaignent, et que, s'ils pouvaient le secourir, ils le feraient de grand cœur.

On a vu des gendarmes prélever sur leur pauvre boursicaut quelques sous pour les jeter dans la sébile du prisonnier qu'ils venaient d'arrêter. Les agents sont des hommes, ce sont des Français comme nous, et l'uniforme ne les change pas. Je ne m'associe donc à aucun degré aux querelles qu'on leur suscite. Après avoir ainsi fait leur éloge — vous êtes témoins que je l'ai fait d'une façon très complète et sans restriction, — je dois vous avouer que s'il fallait choisir entre eux et une Sœur de Charité, c'est à la Sœur de Charité que je donnerais la préférence.

Je parle de la Sœur de Charité, parce que c'est le mot heureux, c'est le mot trouvé qui représente absolument le caractère de la fonction. Au fond, la vraie Sœur de Charité, celle qui a un droit particulier à ce titre, c'est la Sœur de Saint-Vincent de Paul ; mais ce nom est devenu le nom commun de toutes les femmes qui font du bien. Celui qui a créé cette institution a fait une des plus grandes choses que le monde ait jamais vues.

Si vous connaissez... J'allais dire : Si vous connaissez l'histoire... Mais vous la connaissez parfaitement, à présent tout le monde la sait, puisqu'elle figure au programme de l'instruction primaire obligatoire! Eh bien, puisque vous connaissez l'histoire, jetez un coup d'œil sur l'antiquité tout entière, regardez-la, même dans les livres que l'on fait pour la rendre plus belle : vous n'y trouverez rien qui égale l'œuvre créée par Saint-Vincent de Paul. Je défie de rencontrer dans les institutions de la Grèce et de Rome quelque chose qui vaille les filles que vous voyez marcher dans nos rues avec leur cornette et leur robe de bure, allant d'une misère à une autre, sans s'apitoyer, sans larmoyer, sans hésiter, et aimant tous leurs malheureux comme une mère aime tous ses enfants, avec plus de fermeté et d'austérité dans le fond, parce que leur sentiment et leur charité viennent peut-être de plus haut. Elles ont une gloire et une joie : elles ont donné leur nom à toute une classe de femmes charitables. Et en même temps que je fais l'éloge des Sœurs de Charité, permettez-moi de vous dire, Mesdames, que je vois autour de moi des personnes qui ne portent ni la cornette ni la robe de bure, qui sont même en robe de soie, et qui par leur cœur sont dignes de porter cette cornette et cette robe de bure.

C'est quelque chose que d'offrir aux pauvres l'accueil que vous leur faites. Grâce à votre personnel, ils viendront dans cette maison, ils franchiront ce seuil, où ils seront reçus à bras ouverts. Je ne dis pas qu'ils y trouveront des soins qui trahiraient une prévoyance exagérée, non, il y a la science de donner : il faut donner avec mesure. Mais ils savent, ils devinent qu'ils seront reçus fraternellement. C'est là un grand mot. C'est un des mots de la République ; je l'accepte à ce titre, mais je l'accepte aussi parce que c'est le mot que le christianisme a trouvé.

Il me semble que j'ai parlé beaucoup trop longtemps. Mais si je voulais dire tout ce que je ressens de reconnaissance pour le bien que vous faites, je vous retiendrais si longtemps que vous finiriez par penser qu'un Asile de nuit n'est pas fait pour entendre discourir toute la journée.

Je vous quitte par conséquent, Mesdames et Messieurs, en vous remerciant du spectacle que vous donnez. C'est, en effet, un bien beau spectacle ! Il y a un passage de Sénèque, — il faut bien que le pédant se montre un peu, — il y a un passage de Sénèque où il est dit que l'homme de bien qui a toute sa vie obéi au devoir est le plus beau spectacle que Dieu puisse contempler, quand il regarde vers la terre. Mais le grand homme des stoïciens, c'est celui qui fait tout son devoir et ne fait que son devoir, qui obéit à la raison et n'obéit qu'à la raison : l'homme des stoïciens n'a pas de cœur. Vous, au contraire, vous connaissez et vous pratiquez le devoir en l'aimant, en le faisant aimer ; c'est pour cela que vous êtes grands et puissants, et que votre œuvre, quelle qu'elle soit aujourd'hui, se répandra au dehors sous les regards de Dieu, au milieu des bénédictions.

VI

RÉSUMÉ DES DÉPENSES
FAITES PAR LA SOCIÉTÉ PHILANTHROPIQUE
DEPUIS L'AN 1801 JUSQUES ET Y COMPRIS L'EXERCICE 1889-1890

	FR.	C.		FR.	C.		FR.	C.
1801...	27.615	17	Report.	3.705.179	23	Report.	6.214.342	67
1802...	155.756	15	1832...	134.590	63	1862...	77.855	98
1803...	69.659	08	1833...	79.969	23	1863...	65.721	28
1804...	69.200	17	1834...	53.901	86	1864...	71.713	21
1805...	79.306	91	1835...	55.699	82	1865...	66.349	27
1806...	86.462	79	1836...	61.165	27	1866...	56.275	16
1807...	71.434	28	1837...	109.030	88	1867...	61.012	67
1808...	57.844	33	1838...	84.640	72	1868...	63.619	94
1809...	35.528	73	1839...	77.010	16	1869...	64.221	63
1810...	52.906	82	1840...	84.301	77	1870...	92.571	60
1811...	46.952	64	1841...	68.412	92	1871...	48.459	98
1812...	446.080	90	1842...	72.341	03	1872...	51.822	02
1813...	218.324	25	1843...	77.318	79	1873...	67.321	»
1814...	124.642	80	1844...	84.663	32	1874...	147.861	81
1815...	80.023	56	1845...	80.463	91	1875...	123.012	47
1816...	115.658	78	1846...	87.567	78	1876...	105.662	96
1817...	271.072	16	1847...	194.501	04	1877...	122.643	26
1818...	200.453	56	1848...	96.859	40	1878...	129.448	89
1819...	131.751	46	1849...	93.390	56	1879...	223.094	40
1820...	90.167	43	1850...	72.393	63	1880...	347.840	59
1821...	87.964	94	1851...	69.584	40	1881...	189.342	54
1822...	106.059	52	1852...	66.836	52	1882...	306.561	35
1823...	70.006	94	1853...	75.573	07	1883...	516.030	89
1824...	287.406	81	1854...	108.712	44	1884...	550.024	36
1825...	162.868	68	1855...	96.304	07	1885...	353.369	83
1826...	70.416	46	1856...	85.512	51	1886...	371.769	40
1827...	88.181	84	1857...	67.028	33	1887...	708.880	25
1828...	90.206	70	1858...	65.116	36	1888...	577.966	46
1829...	91.472	78	1859...	72.203	41	1889...	1.152.930	04
1830...	102.808	59	1860...	62.216	06	1890...	881.343	09
1831...	116.704	50	1861...	71.253	55	Total.	13.869.608	00
A reporter.	3.705.179	23	A reporter.	6.214.342	67			

VII

RÉSUMÉ GÉNÉRAL

DU

NOMBRE DE PORTIONS ALIMENTAIRES DISTRIBUÉES

DEPUIS L'AN 1800, JUSQUES ET Y COMPRIS L'EXERCICE 1889-90

ANNÉES	NOMBRE DE PORTIONS	ANNÉES	NOMBRE DE PORTIONS	ANNÉES	NOMBRE DE PORTIONS
1800...	20.000	Report..	18.532.337	Report..	31.860.231
1801...	164.090	1831...	1.008.551	1861...	207.128
1802...	1.613.199	1832...	1.242.203	1862...	290.016
1803...	456.770	1833...	309.410	1863...	151.379
1804...	246.266	1834...	184.137	1864...	172.403
1805...	328.891	1835...	191.687	1865...	205.418
1806...	332.120	1836...	222.803	1866...	152.726
1807...	394.079	1837...	204.928	1867...	211.311
1808...	177.904	1838...	582.869	1868...	392.569
1809...	127.350	1839...	309.811	1869...	241.308
1810...	205.644	1840...	619.758	1870...	763.547
1811...	358.335	1841...	225.392	1871...	283.662
1812...	4.342.569	1842...	389.124	1872...	138.371
1813...	1.072.547	1843...	402.343	1873...	284.641
1814...	1.315.702	1844...	309.753	1874...	1.189.082
1815...	484.137	1845...	349.741	1875...	848.019
1816...	790.325	1846...	389.041	1876...	725.066
1817...	1.808.708	1847...	1.570.091	1877...	892.616
1818...	493.000	1848...	608.241	1878...	1.003.251
1819...	239.945	1849...	593.804	1879...	1.371.089
1820...	375.800	1850...	194.040	1880...	2.381.030
1821...	281.929	1851...	150.448	1881...	1.719.489
1822...	82.877	1852...	169.216	1882...	1.906.554
1823...	116.973	1853...	215.058	1883...	2.376.168
1824...	121.700	1854...	641.353	1884...	2.028.275
1825...	82.445	1855...	568.080	1885...	2.269.331
1826...	130.711	1856...	550.519	1886...	2.172.888
1827...	300.517	1857...	293.698	1887...	1.894.411
1828...	301.420	1858...	226.440	1888...	1.868.996
1829...	552.422	1859...	172.524	1889...	2.047.045
1830...	507.825	1860...	215.911	1890...	2.538.004
A reporter.	18.532.337	A reporter.	31.860.231	TOTAL..	65.086.474

VIII
MOUVEMENT GÉNÉRAL DES DISPENSAIRES
DEPUIS LEUR ÉTABLISSEMENT LE 29 MAI 1803, JUSQU'AU 1ᵉʳ MAI 1890

ANNÉES	Malades soignés	Prix commun de la dépense de chaque malade	Nombre d'enfants vaccinés	Consultations gratuites	ANNÉES	Malades soignés	Prix commun de la dépense de chaque malade	Nombre d'enfants vaccinés	Consultations gratuites
		FR. C.					FR. C.		
1803	182	» »	»	»	1847	3.854	13 38	»	2.308
1804	661	41 »	25	»	1848	3.472	15 03	»	1.996
1805	1.077	25 60	69	»	1849	3.117	17 »	»	2.312
1806	1.734	19 04	183	»	1850	2.996	16 03	1	2.313
1807	1.450	17 07	89	»	1851	3.142	15 62	»	2.872
1808	1.266	16 86	70	»	1852	3.084	15 33	1	2.837
1809	1.358	14 32	165	»	1853	3.176	16 06	»	3.028
1810	1.330	16 26	203	»	1854	2.906	16 12	»	2.895
1811	1.452	15 »	148	»	1855	2.658	16 10	1	2.209
1812	1.848	13 39	61	»	1856	2.240	18 19	»	2.246
1813	2.028	12 61	22	»	1857	2.181	17 73	3	1.973
1814	1.634	12 95	77	»	1858	1.898	19 88	»	1.630
1815	1.472	14 69	41	»	1859	1.984	23 12	»	1.519
1816	1.670	14 40	60	»	1860	1.629	23 22	»	1.204
1817	2.506	13 69	239	»	1861	1.650	23 03	»	1.272
1818	2.769	14 48	270	»	1862	1.775	22 65	»	1.069
1819	2.959	13 28	160	»	1863	1.777	24 75	»	1.034
1820	2.979	13 85	107	»	1864	1.788	26 95	»	1.903
1821	3.428	13 97	91	»	1865	1.653	24 45	»	1.759
1822	3.738	12 68	114	»	1866	1.401	24 22	»	1.607
1823	3.487	14 60	100	»	1867	1.345	26 30	»	1.228
1824	3.304	17 24	98	»	1868	1.230	24 50	»	1.159
1825	3.045	14 09	102	»	1869	1.180	26 62	»	1.002
1826	3.001	12 27	82	»	1870	1.004	22 20	2	802
1827	3.557	13 01	118	»	1871	664	39 42	»	775
1828	3.305	13 72	86	»	1872	801	32 35	»	921
1829	3.004	14 08	78	»	1873	918	30 83	5	1.387
1830	2.870	15 20	68	»	1874	998	28 80	»	1.633
1831	2.404	15 84	65	»	1875	1.052	27 51	»	1.670
1832	2.422	15 85	71	»	1876	973	29 85	»	2.213
1833	2.106	13 91	70	»	1877	960	30 14	»	2.114
1834	2.310	14 12	63	»	1878	951	29 23	»	2.331
1835	2.427	14 84	55	»	1879	972	28 14	»	2.419
1836	2.525	15 04	50	»	1880	1.010	28 »	»	2.760
1837	2.558	15 44	47	»	1881	460	18 30	»	1.060
1838	2.311	15 91	60	»	1882	1.370	22 »	»	3.458
1839	2.042	15 65	31	»	1883	1.387	23 30	»	3.595
1840	2.762	14 29	19	»	1884	1.770	22 23	»	5.639
1841	2.718	14 55	54	»	1885	1.959	19 08	»	4.874
1842	2.945	13 85	47	»	1886	2.019	16 85	»	6.566
1843	2.917	13 93	»	»	1887	2.007	18 07	»	6.276
1844	3.087	14 81	»	»	1888	2.414	17 87	»	8.039
1845	3.171	15 13	3	2.028	1889	2.806	18 70	»	13.682
1846	3.518	13 98	»	2.470	1890	2.764	18 55	»	16.077

IX

RÉSUMÉ GÉNÉRAL
DU MOUVEMENT DES ASILES DE NUIT

DEPUIS MAI 1879, JUSQU'AU 30 AVRIL 1890

ANNÉES	FEMMES	ENFANTS	NOMBRE DE NUITS	SOUPES DÉLIVRÉES	VÊTEMENTS DISTRIBUÉS	FEMMES AYANT OBTENU DU TRAVAIL
1879 (8 mois).	2.063	469	6.404	12.598	7.300	241
1880 (12 mois).	3.274	1.160	15.272	29.331	8.035	417
1881 (4 mois).	1.415	440	6.577	11.081	3.590	240
1881-1882.	4.448	1.571	18.991	36.252	7.030	708
1882-1883.	5.697	1.940	26.206	50.180	14.581	1.023
1883-1884.	6.001	1.689	27.213	50.670	17.852	1.273
1884-1885.	6.317	1.817	26.091	52.182	21.967	1.706
1885-1886.	7.094	2.070	30.734	56.230	23.095	1.922
1886-1887.	7.554	2.224	33.324	65.200	25.292	2.038
1887-1888.	6.848	1.870	30.034	60.430	25.867	1.803
1888-1889.	9.685	3.310	43.738	87.864	29.463	3.480
1889-1890.	9.733	2.939	40.451	81.267	25.810	3.661
TOTAUX...	70.189	21.514	305.035	593.000	211.082	18.512

X

RÉSUMÉ GÉNÉRAL
DU MOUVEMENT DES DISPENSAIRES POUR ENFANTS
DEPUIS LA FONDATION LE 15 MAI 1883, JUSQU'AU 30 AVRIL 1890

ANNÉES	Enfants traités	Journées de traitement	Potages délivrés	Bains et Douches	Consultations libres	Nombre de Vêtements distribués
1883-1884	421	26.403	10.000	6.000	3.141	1.088
1884-1885	600	54.005	12.000	8.200	4.022	1.411
1885-1886	1.300	137.880	18.300	10.402	5.773	2.092
1886-1887	2.137	165.515	21.350	10.917	7.239	3.006
1887-1888	2.642	200.080	23.710	14.475	7.200	7.243
1888-1889	3.942	300.489	24.997	24.554	10.798	11.036
1889-1890	6.420	490.245	26.331	27.820	18.793	14.810
Totaux...	17.500	1.375.277	96.388	102.368	57.005	41.286

XI
RÉSUMÉ GÉNÉRAL
DU MOUVEMENT DE L'ASILE MATERNEL
depuis novembre 1886, jusqu'au 30 avril 1890

ANNÉES	FEMMES	ENFANTS	NOMBRE DE NUITS	SOUPES DÉLIVRÉES	VÊTEMENTS DISTRIBUÉS	FEMMES AYANT OBTENU DU TRAVAIL
1886-1887.	204	183	2.304	2.086	»	120
1887-1888.	429	393	4.709	4.874	6.020	248
1888-1889.	422	407	4.443	4.651	4.337	225
1889-1890.	475	471	4.679	4.907	4.336	208
Totaux.	1.530	1.454	16.135	16.518	14.693	801

LISTE ALPHABÉTIQUE

DES NOMS CITÉS DANS CET OUVRAGE

A

ALPHAND, p. 193.
ANDRÉ (M^r et Mme Éd.), p. 184, 188, 190, 198.
ANGOULÊME (D^{sse} d'), p. 92.
ARENBERG (P^{ss} d'), p. 178, 179, 186, 190, 201.
ARNAUD (D^r), p. 174.
AUBERT (l'abbé), p. 43.
AUDENET, p. 111.

B

BAIGNÈRES, p. 175, 200, 201.
BAILLY, p. 37.
BALIMAN, p. 169.
BARON (B^{on}), p. 97.
BEGIS, p. 180.

BELLAIGUE, p. 193.
BERGAND, p. 146, 148, 152.
BERNSTEIN, p. 124.
BERRY (Duc de), p. 91, 92, 93, 134.
BLANCHET (Mme), p. 119.
BLIN DE SAINMORE, p. 8, 18, 22, 42, 48.
BONAPARTE (Mme), p. 62.
BONDY (Cte de), p. 21.
BORDEAUX (Duc de), p. 95, 96.
BRA, p. 166, 200, 201.

C

CAPET DE VAUX, p. 64, 65.
CANDOLLE (de), p. 60, 61, 66, 67.

CAUBERT (Sylvain), p. 127, 138.
CAUCHY (Eug.), p. 141, 142, 144, 147.
CHABROL, p. 185, 198.
CHALAIS (P⁰⁰ de), p. 177.
CHAMPION, p. 121.
CHARDON LAGACHE, p. 158.
CHAROST (Duc de), p. 21, 47, 48, 62, 63.
CHARTRES (Duc de) p. 37.
CHAUDÉ, p. 119.
CHENU, p. 196.
CHERBULIEZ, p. 171.
CHOISEUL GOUFFIER (Duc de), p. 24, 48.
CHORON, p. 76, 83.
COIGNY (Duc de), p. 48.
COMBY (Dʳ) p. 174.
CONSUL (Premier) p. 130.
COPINEAU, p. 47.
COPPÉE, p. 164.

D

DANGUILLECOURT, p. 166.
DARGET, p. 100.
DELESSERT (Benjamin), p. 59, 60, 61, 65, 74, 78, 91, 126, 207.
DELEUZE, p. 72, 78, 87, 89, 91, 93, 96, 97, 104, 106, 111.
DELONDRE, p. 146, 201.

DEVALOIS (fils), p. 111, 141, 144.
DEVALOIS (père), p. 111, 121, 127, 141, 142, 144, 146.
DOMPIERRE D'HORNOY, p. 21.
DREYFUS, p. 200.
DUBOURG, p. 195.
DU CAMP (Maxime), p. 133.
DUCOS, p. 50.
DULAURE, p. 19.
DUPONT DE NEMOURS, p. 77, 82, 83, 84, 86.
DUPUYTREN, p. 117.

E

EPHRUSSI, p. 200.
ESPELL, p. 20.
EVERAT, p. 97, 108.

F

FAVRE (Mˡˡᵉ Camille), p. 169, 170, 172, 178.
FOURET, p. 159.

G

GERANDO (de), p. 111.
GÉRARD (Dʳ), p. 8, 18.
GIBERT (Dʳ), p. 173.

GOFFIN, p. 124, 132, 134, 141, 146.
GOSSEC, p. 42, 43.
GRANDIN, p. 91.
GREFFULHE (C^{sse}), p. 171, 186, 195.
GUITON, p. 97, 111.

H

HARTMANN (Alb.), p. 169, 170, 191.
HAUSSONVILLE (Cte d'), p. 1, 2, 49, 157, 159, 164, 173, 175, 180, 188.
HAUY (Valentin), p. 27, 40.
HEINE (Armand et Michel), p. 184, 187, 198.
HOCQUET (Mme), p. 119.
HORNY, p. 159.
HOTTINGUER (B^{nne}), p. 163, 167.
HUREL, p. 47, 48.
HUSSON (G.), p. 144.

J

JEANROY (D^r), p. 8, 18.
JOLLIVET (Mme), p. 119.

L

LAFAYETTE, p. 37.

LALLIER, p. 192.
LAMOIGNON, p. 24.
LAPORTE, p. 139.
LA ROCHEFOUCAULD-DOUDEAUVILLE (Duc de), p. 27, 97, 109, 110.
LA ROCHEFOUCAULD-LIANCOURT (Duc de), p. 111, 125, 127, 132, 141, 145, 148, 149.
LA ROCHE-GUYON (duc de), p. 150, 168, 178.
LEBON, p. 138.
LE CAMUS DE PONTCARRÉ, p. 8, 18, 22.
LEGENTIL, p. 141, 163, 201.
LEGOUVÉ, p. 168.
LESOURD, p. 91.
LOUIS XVIII, p. 87, 88, 91, 92, 134.
LOUIS-PHILIPPE, p. 107.
LOUIS XVI, p. 7, 36, 106.
LUXEMBOURG (P^{ce} de) p. 24.

M

MAC-MAHON (M^{ale}), p. 149, 151, 152.
MANDAT, p. 27.
MANRY, p. 117.
MANSAIS, p. 166.
MARBEAU, p. 167, 185, 201.

MARJOLIN (Dr), p. 73.
MASSA (Mis de), p. 199.
MATHIEU-LAFFITTE, p. 124.
MOLINIER DE MONTPLANQUA, p. 109, 110, 121, 127.
MONACO (Pce de), p. 198.
MONOD, p. 186, 191.
MONSIEUR (Louis XVIII), p. 37.
MONSIEUR (Charles X), p. 96.
MONTFORT (Gal de), p. 111, 117, 138.
MONTMORENCY (Math. de), p. 48, 64, 65, 74, 78, 91, 96.
MORTEMART (Duc de), p. 27.
MORTEMART (Mis de), p. 150, 170, 179.

N

NANTOUILLET (Cte de), p. 96.
NAPOLÉON Ier, p. 80, 85, 134.
NAPOLÉON III, p. 134.
NAST (François), p. 123.
NAST (Gustave), p. 151, 152, 156, 158, 170, 173, 179, 201.
NECKER, p. 7, 24.
NEMOURS (Duc de), p. 108, 109, 134.

O

OLMER (l'abbé), p. 175.

P

PARMENTIER, p. 35, 60, 77, 83.
PASSY (Antoine), p. 111.
PASTEUR, p. 181.
PASTORET (Cte de), p. 95.
PASTORET (Mis de), p. 64, 67, 77, 87, 91, 93, 95, 109, 138.
PAYEN (Dr), p. 1, 11, 19, 49, 138, 139.
PAYEN (Dlles), p. 139, 141.
PÉAN DE St-GILLES, p. 179, 201.
PERRET, p. 178.
PESTALOZZI, p. 75, 76, 83.
PICOT, p. 184, 186, 198, 208.
PIEDAGNEL (Dr), p. 117.
PIGNOL (abbé), p. 22.
POLGUÈRE (Dr), p. 174, 190.
POUBELLE, p. 180.

R

RICHELIEU (Dme de), p. 186.

ROBESPIERRE, p. 50.
ROHAN (P^{ce} de), p. 21.
ROURE (du), p. 48.
ROZE (B^{on}), p. 182, 201.
RUCK (D^r), p. 174.
RUMFORD (Cte de), p. 59.

S

SAINT-MARTIN (de), p. 8, 18.
SALM SALM (P^{ce} de), p. 24.
SANGNIER, p. 165.
SANSON, p. 190.
SAVALETTE DE LANGES, p. 8, 17, 22, 48.
SCHLOSSER (Mme), p. 196.
SÉRURIER (M^{al}), p. 77.
SIMON (Jules), p. 191.
STAËL HOSTEIN, p. 24.

T

TALLEYRAND, p. 24.

TAPON-CHOLLET (Mme), p. 182.
TASSIN, p. 21, 22, 48.
TAVANNES (Vte de), p. 8, 18, 22.
TESSIER, p. 111, 121, 126, 127, 132, 138.
THOMAS (Émile), p. 169, 170.
TIBERGHIEN, p. 141.
TRUELLE, p. 166, 170, 200.

V

VALDRUCHE, p. 111.
VARIN, p. 177, 201.
VÉRAC (Mis de), p. 24.
VILLEQUIER (Duc de), p. 27, 42.
VIVIEN, p. 111, 120.

W

WOLFF, p. 113, 120, 128.

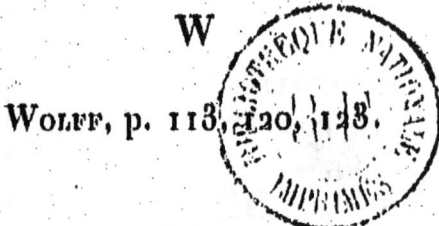

TABLE

TABLE

Avertissement 1
Préliminaires 5
Première Période 15
Deuxième Période 55

— *Première époque.* Consulat et Empire . . . 59
— *Deuxième époque.* Restauration 89
— *Troisième époque.* Louis-Philippe. — Deuxième République 107
— *Quatrième époque.* Empire 131
— *Cinquième époque.* 1870-1890 141

Conclusion 203
Appendice 211

— I. Poésie de M. Coppée 213
— II. Discours de M. Legouvé 218
— III. Discours de M. Cherbuliez 228
— IV. Discours de M. Pasteur 248

—	V.	Discours de M. Jules Simon. 252
—	VI.	Dépenses de la Société depuis 1801. . . 267
—	VII.	Portions distribuées dans les fourneaux depuis 1800. 268
—	VIII.	Mouvement des dispensaires depuis 1803. 269
—	IX.	Mouvement des Asiles de nuit depuis 1879. 270
—	X.	Mouvement des dispensaires pour enfants depuis 1883. 271
—	XI.	Mouvement de l'Asile maternel depuis 1886. 272
—	XII.	Liste alphabétique des noms cités. . . 273

Achevé d'imprimer
le quatre juillet mil huit cent quatre-vingt-douze
PAR
ALPHONSE LEMERRE
25, RUE DES GRANDS-AUGUSTINS, 25
A PARIS

www.ingramcontent.com/pod-product-compliance
Lightning Source LLC
Chambersburg PA
CBHW070823170426
43200CB00007B/883